대한민국을 지키기 위한
위대한 증언들

I. 서문 ·············· 004
오재조

II. 위대한 증언들 ·············· 007

1. 이춘근 증인신문조서   008
2. 이동호 증인신문조서   058
3. 최 광 증인신문조서   108
4. 이재오 증인신문조서   136
5. 김승호 증인신문조서   166

III. 부록 ·············· 201

1. 판결문   202
2. 외신 인터뷰   254

I 서문

자유 대한민국을 지키기 위한 위대한 증언들을 통하여 대한민국 국민들이 전광훈 목사가 애타게 주장하신 애국운동의 진실이 모든 사람들에게 알려지고 있습니다.

그의 주장은 선거운동이 아니었으며 자유대한민국을 지키려는 한국기독교총연합회 대표회장으로서의 진심이었다는 것을 재판과정을 통하여 알 수 있었습니다.

2020년 "문재인은 해명하라, 아니면 하야하라!"라고 외쳤던 전광훈 목사 이에 북한 통전부《우리 민족끼리》방송에서 "전광훈을 죽여 땅에 묻으라"라는 지시, 곧바로 방역을 무기 삼아 전광훈 목사를 저격하여 '법정 최고형'을 이야기하던 문재인 정부 이 사건을 기억하십니까?

전혀 불가능할 것 같았던 '전광훈 목사 무죄 석방'의 기적의 뒤에는 '대한민국을 지키기 위한 증언'들이 있었습니다.

이 법정 진술의 위대한 증언들을 모아《대한민국을 지키기 위한 위대한 증언들》을 출판하게 되었습니다.

판, 검사들이 어떻게 전광훈 목사의 해박한 지식과 변론에 감탄할수밖에 없었는지, 전광훈 목사가 지난 25년간 어떻게 애국 운동의 선봉장으로서 활동할수 있었는지, 그 영적 비밀과 통찰력이 응집된 이 도서를 적극 추천합니다.

애국 운동의 진실이 문재인 하야 운동의 기폭제는 물론, 대한민국의 정신이 바로 사는 기점이 될 것입니다.

부록으로 서울 중앙지방법원 제34형사부 무죄 판결문과 아울러 외신기자회견 전광훈목사와 그랜트 뉴셤의 인터뷰 기사를 첨부하였습니다.

오재조
사랑제일교회 원로목사, 전) 유니온대학교총장

위대한 증언들

대한민국을 지키기 위한

# Ⅱ. 위대한 증언들

1. 이춘근 증인신문조서 ········ 008
2. 이동호 증인신문조서 ········ 058
3. 최 광 증인신문조서 ········ 108
4. 이재오 증인신문조서 ········ 136
5. 김승호 증인신문조서 ········ 166

Ⅱ. 위대한 증언들　　　　1. 이춘근 증인신문조서

이춘근 증인신문조서

이춘근 박사

연세대학교 정치외교학과를 나와 미국 텍사스 대학교 정치외교학 박사 학위를 받았다. 세종연구소 외교,안보 담당 연구위원, 자유기업원 부원장, 이화여자대학교 경영대학 국제사무학과 겸임교수를 지냈다. 국제 정세 전문가로 한미동맹의 중요성을 알리기 위해 교육하고 대중들에게 쉽게 알리기 위해 유튜브에서 이춘근tv를 운영하고 있다.

저서　　<미중 패권 경쟁과 한국의 전략> <전쟁의 기원>
　　　　<미국 외교의 거대한 환상>

변호인 이성희
증인에게

증인은 국제정치학 전문가라고 하는데, 증인의 학력과 주요 경력은 어떻게 되나요?

저는 연세대학교 정치외교학과 및 대학원을 졸업하고, 육군3사관학교 교관으로 3년 근무했습니다. 대위로 전역 후 미국 텍사스 주립 대학에서 유학하여 국제정치학, 전쟁 연구로 박사 학위를 받았습니다.

한국에 돌아온 이후에 세종연구소 외교안보 연구실장, 한국해양전략연구소 연구실장, 자유기업원 부원장, 한국경제연구원 외교안보연구실장, 서울대, 연세대, 고려대 교수 및 이화여대 겸임 교수로서 연구 및 교육 활동을 해왔습니다.

증인은 2019년 6월 8일 피고인이 시국선언을 할 당시에 피고인에게 국제정치와 한미동맹, 남북한 관계에 대해 자문을 해 준 사실이 있지요?
예, 수차례 자문했습니다. 저는 사랑제일교회 집사이며, 피고인과 오랫동안 알고 지낸 사이입니다. 피고는 제가 존경하는 목회자이며 연배가 비슷해 가까운 친구로 지내왔습니다. 함께 국제정치를 포함한 여러 이야기를 나누었고 자문도 했습니다.

당시 증인이 피고인에 한미동맹이 무너졌다고 말해 주신 근거는 무엇인가요?
피고인은 '한미동맹이 법적으로 있다 혹은 법적으로 무너졌다'고 말한 적이 없습니다. 단지, '한미동맹이 그 근저(根底)에서부터 무너진 것이나 마찬가지다'라고 이야기한 것입니다.

국제정치학에서 동맹은 친한 나라가 맺는 것이 아니라 적(敵)을 공유하는 나라들이 그 공동의 적(共同의 敵)으로부터 오는 위협에 맞서 군사 대비를 함께 하자는 약속입니다. 6.25 전쟁 휴전 이후 한국과 미국이 한미동맹을 체결할 당시, 양국이 공동의 적으로 상정하고 대처하기로 약속한 지역은 태평양 지역(Pacific Area)입니다.

즉, 한미동맹은 태평양 지역에 있는 북한, 중국(당시 중공), 소련을 공동의 적으로 상정했던 것입니다.

사실상 한미동맹이 깨졌다고 이야기하는 것은 동맹 조약의 폐지 혹은 주한미군 철수 등 동맹 그 자체가 붕괴되었다는 의미가 아닙니다. 지금의 대한민국이 한미동맹을 체결했을 때와 동일한 국제정치적 인식을 가지고 있는가에 의문이 든다는 뜻입니다.

한국 정부를 이끄는 고위급 정책 결정자 혹은 한국 국민이 '북한은 우리의 적이 아니야', '중국도 우리의 적이 아니야'라고 생각하는 상황을 가정해 보십시오. 미국은 북한과 중국을 주요한 적으로 인식하고 있습니다. 반면 한국이 북한과 중국을 적으로 인식하지 않는다면 사실상 한미동맹이 뿌리부터 흔들린다고 말할 수 있는, 즉 동맹이 깨졌다고 의심할 수 있는 충분한 근거가 됩니다.

그런데 우리나라를 적화 통일하려는 북한이 우리의 적이 아닙니까? 그리고 북한의 존속을 위해 결정적인 힘을 행사하는 중국이 우리의 적이 아닙니까?

피고인은 우리나라 위정자들의 신념체계나 인식체계를 비판하는 것이며 현 한국 지도 세력의 관점을 고려하면 한미동맹이 사실상 붕괴된 것이나 마찬가지라고 비판할 수 있는 근거가 충분하다고 생각하고 있습니다.

청와대 문정인 외교안보 특보는 대한민국이 미국 없이 사는 방법을 고려해야 한다고 했는데, 이 내용은 어떠한 의미를 가지고 있나요?
제가 이분의 말뜻을 정확히 알 수는 없습니다. 학자로서 이야기했다면 미국 없이 사는 방법이라는 것은 자력으로 국가안보를 하는 것이 가장 좋다는 말일 것입니다.

그러나 초강대국인 미국조차도 스스로의 힘으로만 국가안보를 이룩할 수 없습니다. 세계 대부분의 국가가 자국 안보를 위해 동맹을 유지하는 상황입니다. 우리나라 국가안보에 가장 큰 도움이 되는 나라는 미국입니다. 어떤 사람은 '중국이나 이웃 나라에 의존하면 된다'고 이야기하지만 그것은 국제정치의 현실을 무시한 낭만적 발상입니다. 우리나라와 인접한 강대국은 언제라도 국가안보에 위협이 될 수 있다는 사실이 지정학적, 국제정치학적 철칙입니다. 강대국은 이웃 나라의 영토를 차지하고자 하는 야욕을 항상 가지고 있습니다. 중국은 동해 장악을 원했고, 소련(러시아)은 겨울에도 얼지 않는 항구를 원했으며, 일본은 대륙으로 진출할 수 있는 발판을 마련하고자 했습니다. 3대 강국인 이들은 한반도를 탐냈던 역사가 있고 이를 위해 전쟁도 벌였습니다. 청일전쟁, 러일전쟁 등이 한반도를 놓고 이웃 국가가 벌인 전쟁입니다.

미국은 지역적으로 멀다 보니 적어도 중국, 러시아, 일본처럼 우리나라

영토에 관한 야심을 갖지 않습니다. 또한 자유주의, 기독교, 인권 존중 등의 측면을 고려할 때 미국이야말로 우리 동맹으로 삼기에 가장 좋은 나라라고 단언할 수 있습니다. 최근 미국 보다 중국과 잘 지내야 한다고 주장하는 사람이 많습니다. 그런데 이해하기 어려운 점은 그분들의 가족이 미국에서 거주하거나 공부 중인 경우가 많다는 것입니다.

우리나라의 역사를 조금만 살피면 미국이 우리에게 얼마나 유용한 국가인지 알 수 있습니다. 조선 고종 때의 기록에 의하면 미국의 도움을 받을 경우 이웃 강대국인 중국으로부터 독립을 쟁취할 수 있고, 막강세력으로 부상 중이던 일본의 위협으로부터 벗어날 수 있다고 생각해 미국과의 관계 수립에 희망이 보일 때 고종이 덩실덩실 춤을 추었다고 합니다. 역사적으로, 지정학적으로, 정치 사상적으로 미국은 우리에게 가장 믿음직한 동맹국이 될 수 있습니다. 이것이 피고인이 항상 주장하는 내용이었습니다.

외신인 블룸버그 통신에서 '문재인은 김정은의 대변인이다'라는 표현을 한 이유는 무엇인가요?
그 표현은 피고인이 처음 쓴 것이 아니며 이미 외신에서 사용되고 있었습니다. '대변인이다'라고 이야기한 것은 문재인 정부의 정책을 비난하기 위함이었습니다. 대통령은 취임한 지 3년이 지났는데도 김정은에 대해 불만을 드러낸 적이 거의 없었습니다. 최근 서해에서 한국 공무원 총격 사망 사건이 발생했을 때 북한에 유감을 표시한 게 대통령의 첫 불만 표시였다고 봅니다.

　사건 다음 날 한국 정부가 북한으로부터 사건의 진위조차 정확히 판단할 수 없는 사과문을 받고 '김정은이 생명을 존중'하는 입장을 보였다고 이야기했는데, 이는 올바른 대처가 아니라고 생각합니다. 국민은 핵무기 개발과 같이 잘못된 일을 하는 북한에 따끔하게 경고 한마디 하지 못하는 대통령을 답답해합니다. 그래서 대통령이 북한 김정은 정권의 '변호인 아니냐'는 식의 비난이 나오는 것입니다. 국내 언론인, 지식인, 그리고 외국 언론도 이미 유사한 내용의 비판을 했고 피고인도 비슷한 의미로 말한 것입니다.

문재인 대통령은 취임 이후 종전선언을 지속적으로 추진 중인데, 증인이 피고인에게 설명한 종전선언의 의미는 무엇이었나요?
국가 간의 관계에서 종전선언이라는 것은 없습니다. 전쟁을 했던 나라들이 상호 평화조약을 체결하는 평화선언으로 더 이상 전쟁하지 않을 것을 약속할 수 있습니다. 한국 대통령이 북한과 체결하고 싶어 하는 종전선언은 국제정치와 국제법의 역사에서 찾아볼 수 없으며, 그 노력은 대단히 공허한 것이라고 말씀드리고 싶습니다.

　우선 국제정치에서는 '선언'만으로 평화가 찾아오지 않습니다. 일반적으로 전쟁에서 압도적 승리를 거둔 나라가 패배 국가에 전쟁을 그만하자고 말할 때 어떤 선언이든 의미가 있습니다. 그러나 남북한 관계는 이러한 상황이 아닙니다. 오히려 북한은 미군만 철수한다면 지금이라도 전쟁을 일으킬 태세입니다. 대통령의 종전선언을 비판하는 또 다른 이유는 그 같은 노력이 공허할 뿐만 아니라 위험한 발상이라고 생각되기 때문입니다. 북한이 우리나라와 종전선언을 체결한다고 하더라도 그 약속을 지킬지 어떻게 믿을 수 있겠습니까? 완전한 군사 철폐 이전에 북한이 약속을 지킬 것이라는 보장은 결코 없을 것입니다.

또한 현실적으로 북한 김정은 체제에서 한국과의 종전선언은 불가능하다는 사실을 인식해야 합니다. 김정은이 한국과 종전선언을 할 수 없는 이유는 6.25의 역사로부터 도출될 수 있습니다. 지금 한국 정부가 의미하는 종전선언이란 휴전으로 끝난 6.25 한국 전쟁을 끝내자는 말일 것입니다. 그런데 저는 북한이 6.25 한국 전쟁을 끝낼 수 없다고 생각합니다. 북한에게 6.25 전쟁은 '민족해방 전쟁'인데, 할아버지 김일성과 아버지 김정일이 그 뜻을 이루지 못했습니다. 즉 김일성과 김정일은 저들이 말하는 민족해방, 대한민국의 적화와 한반도 적화통일의 꿈을 이룩하기 위해 6.25 한국 전쟁을 일으켰고 지금까지 그 목적을 달성하지 못했습니다. 이제 적화통일의 꿈은 손자 김정은의 몫이 된 상태입니다. 김정은이 6.25 전쟁, 민족해방 전쟁을 끝내는 게 가능하겠습니까? 저는 김정은이 보기에 아직 해방되지 않은 대한민국에서 종전선언을 약속할 수 있다고 생각하지 않습니다.

만약 남북한 간에 종전선언이 체결되었다고 가정해 봅시다. 그럼 더 이상 싸울 일이 없으니 북한이 핵무기도 폐기하고 120만 대병력을 포기할까요? 절대로 그렇게 하지 않을 것입니다. 북한에는 핵도 그대로 있고 군사력도 그대로일 것입니다. 아마 주한미군도 그대로 주둔할 것입니다. 그럴 경우 북한은 한국에 아마 이렇게 요구할 것입니다. "6.25 한국 전쟁을 핑계로 미군이 들어왔다. 이제 6.25를 완전히 끝내는 종전선언을 체결했으니 미군은 나가라!", "종전선언으로 6.25가 완전히 끝났는데 미군은 왜 나가지 않고 있는 것이냐?"

결국 우리가 북한과 종전선언을 체결하면 주한미군이 계속 주둔해야 한다고 강력하게 주장할 근거가 없어지게 됩니다. 그래서 종전선언은 선언 이후 대한민국의 안보 논란을 불러일으킬 수 있는 사안이 될 수 있습니다. 아마 북한은 주한미군이 완전 철수하고 한미방위 조약이 폐지되어 한미동맹을 완전히 끝내는 조건으로 종전선언에 응하겠다고 나올지 모릅니다. 그 정도 조건도 없이 북한이 한국과 종전선언을 체결해 줄 것 같습니까? 그리고 우리는 공허한 종잇조각이 될 것이 뻔한 종전선언을 위해 주한미군 철수, 한미동맹 폐기와 같은 위험을 감수해야 합니까? 그래서 한국 대통령이 제기하는 종전선언은 국가안보에 치명적인 논쟁을 불필요하게 불러일으킬 수 있습니다.

만약 미국이 종전선언과 관계없이 한반도 상황이 불안하기 때문에 철수할 수 없다고 한다면 대한민국 사회에는 왜 종전선언을 했는데(혹은 하려 하는데) 미군이 철수하지 않느냐며 대대적인 반미 시위가 발생하고 그 결과 사회가 극도로 혼란스러워질 위험이 있습니다.
종전선언은 대단히 위험한 일이며 오히려 대한민국 국가안보에 심각한 위

Ⅱ. 위대한 증언들   1. 이춘근 증인신문조서

험을 불러올 수 있다고 우려하는 사람들이 많습니다. 피고인도 마찬가지로 계속해서 우려를 표명했고 저도 그 주장에 적극 동의했던 것입니다.

증인의 증언에 의하면 종전선언에는 미군 철수가 전제로 되어 있는 것 아닌가요?

물론이지요. 종전선언을 했는데도 미군 철수가 이루어지지 않는다면 북한은 결코 종전선언에 응하지 않겠지요. 북한이 응할 가능성이 거의 없지만 미국은 북한이 핵을 폐기한다면 종전선언에 관해 이야기해 볼 수 있다는 입장인 것 같습니다. 미국이 말하는 것은 종전선언이라기보다 평화선언에 가까울 것입니다. 북한은 미군이 한국에서 완전 철수할 뿐만 아니라 한미동맹의 전면 폐기가 전제되지 않는 어떤 종전선언 혹은 평화선언도 의미 없다고 생각할 것입니다.

　우리나라도 마찬가지일 것입니다. 또한 국제정치 역사상 종전선언으로 평화가 유지된 적은 한 번도 없습니다. 국제정치 역사를 보면 상호 불가침조약을 맺은 나라가 전쟁할 확률이 불가침조약을 체결한 적 없는 나라보다 오히려 훨씬 더 높았습니다. 이것이 현실입니다.

　서로 전쟁할 일이 없는 나라는 애초에 불가침조약을 맺지 않습니다. 국제정치를 공부하는 사람들은 어느 두 나라가 불가침조약을 맺었다고 하면 '아! 저 나라들은 지금 당장 싸우지 말고(좀 더 착실히 준비한 후) 조금 후에 싸우자고 약속했구나'라고 해석할 정도로 무의미하다고 봅니다. 한국 정부가 추구하고 있는 북한과의 종전선언은 국민의 혼란을 가중시키고,

논쟁을 불러일으켜 국론을 분열시키고, 결국 국가안보에 더 위험한 상황을 초래할 것이기 때문에 반대하는 것입니다.

문재인 정부는 '안보는 미국을 잡고 가고, 경제는 중국을 잡고 가야 한다'라고 하는데, 이것은 어떤 의미인가요?
미국과 중국이 사이가 좋아진 이후, 특히 1990년대 이후에 전 세계 모든 나라가 다 했던 말입니다. 국가안보는 자유주의 국가인 미국에 의존하고 중국과는 장사해서(무역해서) 돈을 벌자는 의미의 말인데 호주도 우리나라랑 같은 말을 했습니다. 일본도 똑같았습니다.

　미국이 안보를 책임져 주고 있으니 그 틈을 타서 중국과 상업 거래를 해 돈을 벌자는, 소위 우리나라 사람들이 문법이나 뜻을 무시하고 억지로 만든 사자성어 '안미경중'(安美經中)은 지난 20년 동안 전 세계 다수 국가의 전략이었습니다. 그러나 꿩도 먹고 알도 먹을 수 있는 사치를 누릴 수 있는 시대는 허망하게 끝나가고 있습니다. 국제정치는 항상 변하는 것이며 특히 어떤 나라가 급격히 강한 힘을 갖게 되면 곧 국가안보에 위협이 됩니다. 소련과 미국이 서로 으르렁거리며 냉전이 한창이던 시절 한 학생이 브레진스키 교수에게 질문을 했습니다. "교수님, 소련이 자본주의가 되면 혹은 미국이 공산주의가 되면 두 나라 사이에는 평화가 올까요?"라고 물었답니다. 브레진스키 교수의 대답은 다음과 같았습니다. "국가의 속성이 같은가 다른가는 문제가 되지 않는다. 힘이 막강한 두 나라는 충돌할 수밖에 없는 것이다. 미국과 소련이 이데올로기가 달라서 싸우는 측면도 있겠지만 두 나라가 충돌하는 본질은 미국과 소련이 서로를 향해 돌진하는 힘이 막강한 나라들(colliding empire)이라는 사실에 있다"라고 대답했습니다. 즉 미국과 소련이 서로 체제가 같아진다 해도 막강한 힘을 가진 나라로 남아 있는 한 두 나라는 충돌한다는 것이지요. 과거 우리가 안보는 미국, 경제는 중국이라는 말을 할 수 있었던 시절은 중국이 미국과 맞먹을 만한 힘을 보유하기 이전의 일이었습니다. 미국도 중국을 포용하고 중국과 열심히 상업 거래를 했습니다. 그러다 보니 중국이 점점 막강한 나라가 되었고 군사력 증강에도 매진하게 되었습니다. 이제 중국의 군사력은 미국과 전략경쟁을 일으킬 정도로 막강합니다. 사실 미국은 중국을 키워주면 중국도 미국과 같은 자유주의 국가, 민주주의 국가로 변할 것이라고 보았습니다. 그러나 미국의 기대는 이루어지지 않았습니다. 오히려 미국도 중국과의 싸움에 대비해야 하는 상황이 되었습니다.

대략 2016년부터 '안미경중' 논리는 더 이상 성립되지 않는 상황이 되었습니다. 미국은 중국의 부상을 더 이상 방치할 수 없어 중국의 부상을 억누르기 위한 조치를 시행 중입니다. 무력 제압보다는 경제 수단을 통해 중국을 제압하고 있습니다. 그게 평화적인 방법이기 때문이지요. 미국이 전쟁을 하지 않고 중국을 격파하기 위해서는 중국 경제에 타격을 입히는 방법밖에 없어서 중국 경제를 망가뜨리는 중입니다. 그런데 미국과 법적 동맹국인 대한민국이 안보는 미국에 의존하면서 중국에 가서 돈을 벌겠다고 하는 게 앞뒤가 맞는 이야기인지 생각해 보자는 것입니다. 솔직히 우리나라는 미국과 동맹국이기 때문에 미국이 누구와 싸운다면 미국의 편을 들어주어야 할 의무가 있습니다.

동맹이란 함께 싸운다는 약속입니다. 우리나라가 어느 국가로부터 공격을 받으면 미국은 당연히 우리를 도와야 합니다. 최근 한국은 동맹국 미국과 사실상 잠재적국인 중국을 동등하게 대하는 듯한 정책을 실시하고 있습니다. 노무현 정부는 '중재자'라는 용어를 사용하기도 했습니다. 우리는 중재자라는 용어가 무엇을 의미하는지도 모르고 사용했습니다. 국제정치에서 어느 나라가 중재자 역할을 하기 위해 가장 중요한 조건은 어떤 나라와도 동맹 관계에 있지 않아야 한다는 것입니다. 누구와 동맹인 나라가 어떻게 객관적인 중재자 역할을 할 수 있겠습니까. 그래서 우리나라가 미국과 중국이 다툴 경우 중재자가 되겠다는 것은 미국과 동맹 관계를 단절하겠다는 뜻으로 해석될 수 있었습니다. 그래서 당시 미국은 한국을 대단히 의심했지요. 또한 이 같은 입장은 중국으로부터도 아무런 지지를 받지 못했습니다. 미국과의 동맹은 그대로 유지한 채 중국과 미국 사이에서 중재자 역할을 하겠다는 한국을 중국이 믿을 수 있었겠습니까? 중국은 아마도 한국에게 "너 거짓말 하고 있어. 정말 중재자가 되고 싶다면 미국과의 동맹을 폐기해 보시지"라고 말하고 싶었을 것입니다. 그래서 중국과 미국이 다투는 상황에 우리같이 힘이 강하지 않은 나라가 중립이라는 위치를 택한다는 게 대단히 위험한 일이 아닐 수 없습니다. 동맹국 미국으로부터는 신의 없는 나라라고 비판받을 수 있고 중국으로부터는 거짓말쟁이라는 비난을 받을 수밖에 없는 것이 한국이 취한 어정쩡한 입장 때문입니다. 안미경

Ⅱ. 위대한 증언들   1. 이춘근 증인신문조서

중 정책 혹은 균형자 정책은 정말 위험한 정책이지요. 다만 미국과 중국이 본격적으로 갈등 관계에 들어가기 이전까지는 안미경중의 입장이 먹힐 수 있는 정책이었습니다. 그러나 미국과 중국이 본격적으로 갈등을 벌인 2016년 이후 이 같은 정책은 정말 위험하다는 말이지요. 미국으로부터 버림받고 중국으로부터는 친구 대접을 받을 수 없는, 즉 강대국 두 나라 모두에게 버림받을 수 있는 위험한 정책이라고 말씀드릴 수 있겠습니다. 한국을 국제사회에서 믿을 수 없는 나라로 만들 수 있는 정책이기 때문에 안미경중은 더 이상 바람직하지 못한 정책입니다.

북한과의 관계에서 문재인 정부가 낮은 단계 연방제를 추진하고 있는데, 이것이 어떤 의미이며 실제로 성공한 사례가 있나요?
'없습니다'라고 단호하게 말할 수 있습니다. 연방은 큰 국가에서 중앙정부가 국가 전체를 효율적으로 통제하기 어려울 경우 채택하는 제도입니다. 그리고 연방이 되기 위해서는 하부 단위들의 속성이 같아야 한다는 조건이 있습니다. 예를 들어 한 하위정치 조직은 공산주의, 다른 하위 정치 조직은 자유주의, 자본주의 체제를 가지고 있을 경우 그 상이한 정치 단위는 하나의 연방이 될 수 없다는 의미입니다. 미국이 연방국가의 대표 사례입니다. 캘리포니아주와 뉴욕주는 미합중국의 일개 주인데 정치 경제적 속성이 같습니다. 만약 뉴욕주는 공산주의, 캘리포니아주는 자본주의라면 두 주는 결코 미국에 함께 소속된 연방이 될 수 없습니다. 뉴욕주와 캘리포니아주는 멀리 떨어져 있지만 같은 속성을 가진 체제입니다. 그래서 미국이라는 자유민주주의 자본주의 국가에 소속되어 있는 것이지요. 속성과 체제가 다르다면 미국의 각 주는 하나의 연방에 소속되어 있지 않을 것입니다. 속성이 다르다고 판단되면 각 주는 미국 연방에서 탈퇴하여 독립 국가가 될 것입니다.

같은 하부 단위 구성이 연방을 이루는 최소한의 조건입니다.

예를 들어 '북한은 사회주의를 지향한다', '대한민국은 자유주의를 지향한다'고 하면 둘은 연방을 수립할 수 있는 기본 조건이 없다고 할 수 있습니다.

연방은 규모가 아주 큰 나라에서 성질이 같은 단위를 엮는데 유용한 국가성립 방식입니다. 중국의 경우는 미국보다 규모가 큰데 연방을 못하는 이유가 있습니다. 연방을 구성할 하위 단위의 속성이 대단히 다르기 때문입니다. 티베트, 위구르(신강성) 등은 다른 중국 지역과 문화, 종교, 인종이 다릅니다. 그래서 연방이 구성되면 중국이 분열될지도 모릅니다. 티베트, 위구르가 독립하겠다고 나설지 모르기 때문입니다. 그래서 중국은 전체를 하나로 묶는 단일적, 독재 정권을 유지하는 것입니다. 남한과 북한은 작은 나라입니다. 언제든지 통일을 이룩하고 하나가 될 수 있는 나라입니다. 지금 한국이 분단되어있는 것은 남한과 북한의 체제적 속성이 판이하기 때문입니다. 하나의 체제가 되면 통일이 이루어지는 것이지요. 그런데 체제가 다른 두 나라를 억지로(사실상 불가능하지만) 하나로 만든다는 발상이 소위 낮은 단계의 연방제라고 이해하고 있습니다.

한국과 북한을 하나의 연방으로 만들 경우 한반도 전체를 대표하는 대통령 혹은 북한식의 주석이 나오겠지요. 그렇다면 한반도 연방의 성립은 앞에서 말한 종전선언 체결과 유사한 상황이 되겠지요. 연방으로 남북이 하나가 되었는데 주한미군이 남쪽에 존재하는 것을 어떻게 설명하겠습니까. 결국 연방제 역시 주한미군을 몰아내는 좋은 방편이 되겠지요. 북한은 주한미군 철수와 한미동맹 폐지를 낮은 단계의 연방을 이루는 필수 조건으로 제시하겠지요. 한국의 진보 측에서도 유사한 주장을 할 것입니다. 이 경우 북측은 남쪽을 무력으로 병합할 수 있지 않을까요? 그래서 북한과 남한 사이에 낮은 단계의 연방은 올바른 발상이 아닐 뿐더러 대한민국에 불리하며 위험한, 사실상 이루어질 수 없는 일이라고 생각합니다.

대한민국은 인구가 북한의 두 배, 경제력이 북한의 50배가 넘지만 북한은 1:1의 대등한 연방 구성을 주장할 것입니다. 북한은 사회주의이고 남한은 자본주의인데 어떻게 연방이 되겠습니까. 현실적으로 남한과 북한은 따로 있든지, 하나가 되든지 두 가지 방법밖에 없다고 봅니다. 낮은 단계의 연방제는 정치학적으로 타당한 방안이 되기 어렵다고 생각합니다.

피고인이 2019년 6월 8일 한기총 대표회장으로서 7가지 이유로 문재인이 하야해야 한다는 주장을 했는데, 피고인이 한미동맹을 파괴했다는 주장과 연설을 하는 것에 증인이 전문적 조언을 많이 한 것은 맞지요?
예, 한미동맹은 제가 조언했다기보다 피고인이 이미 잘 알고 있었던 분야입니다. 피고인은 한국 현대사를 연구하는 학자급의 전문가입니다. 목사님은 성경의 해석뿐만 아니라 이승만 대통령에 관해서도 탁월한 전문가이고, 이승만 대통령이 외교능력을 발휘해서 이룩한 한미동맹이 얼마나 중요한지를 이미 정확히 알고 계셨습니다.

저는 피고인이 이야기하는 것에 대해 대부분 다 옳다고 옆에서 동의했습니다. 한 가지 예를 들겠습니다. 우리는 평소 공기의 중요성을 모르고 삽니다. 공기가 있어 숨 쉬고 살지만, 늘 있기 때문에 그것이 얼마나 중요한지에 대해 알고자 하지 않습니다.

제가 몇 년 전에 숙명여자대학교에서 미국 외교정책에 관해 강의할 때 학기 말 무렵 학생들에게 퀴즈(시험) 삼아 '오늘 한미동맹이 없어진다면 내일 무슨 일이 일어날지를 한번 말해 보라'고 했던 적이 있었는데 학생들의 대답이 너무나 좋아서 놀랐던 적이 있습니다. 어떤 학생은 "북한이 군사력으로 밀고 내려오지 않겠어요?"라고 대답했습니다. 물론 북한이 전쟁을 개시할 경우 한국이 완전히 패망하지는 않겠지요. 저는 대한민국 스스로 북한의 침략을 격퇴할 수 있다고 생각합니다. 다만 그러기 위해서 우리나라는 많은 생명과 재산 피해를 각오해야 하겠지요. 문자를 사용하자면, 우리나라는 북한의 무력 남침을 방위(Defend)할 수 있습니다. 그런데 국가가 초토화된다면 방위가 무슨 의미가 있겠습니까. 그래서 현대 전쟁 연구에서는 방위(Defense)보다는 억제(Deterrence)를 강조합니다. 즉 북한이 아예 전쟁할 엄두조차 낼 수 없도록 하는 것이 중요하다는 말입니다. 그런데 우리 나라의 힘이 얼마나 막강해야 북한이 전쟁할 엄두를 내지 못할지에 대해서는 대답을 하기 어렵습니다. 전쟁 억제는 심리학적인 요인이 크기 때문입니다. 여기서 주한미군, 한미동맹의 중요성이 나오는 것이지요. 미군이 휴전선과 서울 사이에 주둔하고 있다는 사실은 북한으로 하여금 전쟁을 일으킬 수 없게 하는 것이지요. 즉 주한미군, 한미동맹은 한국군만으로는 불충분한 한반도에서의 전쟁억제력이 된다는 점에서 정말 소중합니다. 아마도 미군이 없다면 북한은 한국군이 북한군보다 더 강할지라도 한번 해볼 만하다고 만용을 부릴 수 있습니다. 그때 전쟁이 발발하는 것이고 한국은 궁극적으로 승리하겠지만 많은 인명과 재산의 피해를 입게 될 것입니다. 즉 미군이 없다면 북한은 깡을 부릴 수 있다는 이야기입니다. 또 다른 학생은 "일본이 독도를 뺏어갈지도 몰라요"라고 대답했습니다. 정말 훌륭한 대답이었습니다. 우리 대부분은 독도를 우리 힘으로만 지키는 줄 알고 있는데 그렇지 않습니다. 일본 해군은 미국 해군 다음으로 막강한 세계 2위 해군입니다. 중국 해군보다 일본 해군이 더 강하다고 평가될 정도입니다. 그렇게 막강한 해군을 가지고 있는 일본이 독도를 감히 건드리지 못하는 이유는 한국 해군의 능력과 의지가 있기는 하지만 한국-일본-미국이 3각 동맹체제로 엮여 있다는 사실 때문입니다. 일본이 독도를 건드릴 의지와 능력이 있지만 미국의 눈치를 보지 않을 수 없습니다. 어느 날 한미동맹이 종료된다면 일본은 그날로 독도를 내놓으라고 강요할 것입니다. 우리는 결코 그렇게 할 수 없지만 일본은 미국과의 동맹이 아닌 한국에 독도를 내놓으라고 으

름장을 놓을 수 있고 막강한 해·공군력으로 위협할 수도 있습니다.

또 다른 학생은 한미동맹이 끝나는 날 "중국은 한국을 대단히 무시하게 될 것"이라고 답했습니다. 당연한 대답입니다. 미국과의 동맹이라는 끈이 떨어진 한국을 중국은 어떻게 보겠습니까. 수년 전 서해에서 남북한 해군의 충돌 사건이 발생했을 때의 이야기입니다. 중국 측이 한국을 비판하고 북한을 두둔한다는 오해를 풀기 위해 중국 북경에 주재하던 한국 대사관에서 사건을 설명하겠다고 중국 외교관들을 초청하려 했는데 중국 외교관 혹은 관리들은 한국 측의 설명은 들을 필요 없다고 무시하며 "너희들 미군 나간 다음에 보자"고 위협했다는 이야기를 현지에 있던 고위 외교관에게 들은 적이 있습니다. 중국 관리가 한 말은 '너희들이 미국 믿고 까부는데 앞으로 두고 보자'라는 뜻 아니겠습니까? 그 정도로 중국은 한국을 우습게 대하고 있는 것이지요. 이토록 주한미군과 한미동맹은 우리에게 마치 공기처럼 소중한 것입니다. 1953년 이후 한미동맹이 지속되고 있으니 한국 국민 대부분은 한미동맹과 평생을 함께 살아온 것이나 마찬가지이며, 한미동맹의 존재가 당연하다고 생각할 것입니다. 물론 한미동맹을 폐기해야 한다고 주장하는 사람들이 있지만, 미국의 중요한 여론 조사(Pew Research, 2020년)에 의하면 한국 국민 90% 이상이 한미동맹은 소중한 것이라고 대답했을 정도입니다. 제가 미국과의 동맹이 중요하다고 강의하면 젊은 학생들이 다음과 같이 질문하는 경우가 있습니다. "교수님 우리나라를 우리 스스로 힘으로 지키는 게 더 좋지 않습니까?" 당연하지요. 우리나라를 자력으로 지키는 게 가장 좋지요. 그러나 앞에서 말한 대로 우리 스스로 북한의 공격을 억제하기 위해서는 지금 정도의 군사력으로는 어림도 없을 것입니다. 또한 우리 힘으로만 나라를 지키려면 젊은이들이 군에 가서 몇 년씩 근무해야 하겠습니까? 그렇지 않아도 우리나라 젊은이들이 병역 임무를 청년 시절의 어려운 과정으로 인식하고 있습니다. 스스로 자주국방을 한다는 북한의 젊은이들은 군대에 가서 10년씩 근무해야 하는 실정입니다. 우리나라 젊은이들은 지금은 2년 정도의 비교적 짧은 기간에 군대를 다녀올 수 있는데 이것 역시 세계 최강의 미국 군대가 한국의 방위를 함께 담당하기 때문입니다. 주한미군은 북한의 침략 야욕을 사전에 억제함으로써 한국의 평화를 보장해 주는 심리적 안전장치인 것이지요. 피고인 역시 한미동맹의 중요성을 완벽하게 이해하고 있으며 한미동맹은 대한민국의 생존을 위해 사활적으로 중요한 것이라고 쉬지 않고 강조하셨고, 저는 그의 주장이 당연히 맞는 것이라고 생각해 동조한 것입니다.

문재인 정부가 이승만 건국 대통령이 만든 미국, 일본 국제사회와 함께 하는 해양자유동맹으로부터 분리되어 북한, 중국, 러시아와 함께하는 공산대륙동맹으로 가는 정책을 추진하는 이유가 무엇인가요?
대한민국의 국민은 정치가들이든 일반 시민이든 같은 국가 목표를 가지고 있습니다. 우리나라 국민이 더 부유하고 안전하며, 평화롭게 사는 것이 목표입니다. 그런데 목표를 이루기 위해 가장 좋은 방법이란 무엇인가에 대한 생각은 모두 다릅니다. 어떤 사람들은 미국, 일본 등 해양동맹과 함께하는 것이 좋은 방안이라고 생각하고 또 다른 사람들은 중국, 러시아 등 대륙세력과 함께 하는 게 더 좋다고 생각합니다. 해양동맹주의자들은 대체적으로 자유주의·자본주의를 선호하는 자유주의자이고 대륙동맹을 지향하는 사람 중에는 공산주의·사회주의를 지향하는 사람이 있다고 알고 있습니다. 저는 해양동맹을 선호하는 자유주의자이지만 정확히 말하면 국제정치학에 기반을 두고 생각하는 현실주의자입니다. 현실주의자들은 국제정치를 힘의 정치로 보며 모든 국가가 자신의 국가이익을 위해 노력한다고 가정합니다. 이 과정에서 잦은 전쟁이 일어나므로 힘을 키우는 일, 돈을 많이 버는 일 등이 중요한 국가이익이라고 보고 있습니다. 노골적으로 말하면 현실주의자들은 힘이 더 강한 쪽을 지향하는 것이 올바른 국가전략이라고 봅니다. 약한 편에 붙는 것은 패망을 의미하기 때문입니다. 지난 수십 년 동안의 세계정치를 보면 해양세력과 대륙세력 중 어느 편이 막강한지, 그리고 어느 편이 인간의 삶에 더 좋은 사회제도와 경제력을 제공할 수 있는지를 판단하는 것은 그리 어렵지 않습니다. 과거나 지금이나 미국, 영국, 일본, 프랑스, 호주 등이 주도하는 해양동맹 혹은 해양세력이 중국, 러시아가 주도하는 대륙동맹을 앞서고 있다는 사실을 쉽게 알 수 있습니다. 그리고 현재 대륙세력에 속하는 나라는 사실상 중국 하나입니다. 동부 유럽의 사회주의국가들 그리고 러시아마저도 자유주의·자본주의를 받아들였기 때문입니다. 오늘날 세계정치를 보면 미국, 일본, 영국이 주도하는 해양동맹은 단연코 중국 홀로 남은 것과 같은 대륙세력을 압도하고 있습니다. 이 같은 상황에서 미국, 일본이 주축이 되는 해양자유진영에서 벗어나 대륙진영으로 국가의 방향을 바꾼다는 것은 심각한 실수입니다. 그런데도 중국을 지향하는 사람들이 상당히 많은 이유는 그들이 국제정세 판단을 잘못하기 때문입니다. 현재 국제정치에서 우리나라가 대륙세력과 연계해야 한다는 발상은 국제정세 판단 혹은 계산 방법에서 말이 되지 않습니다. 이념상 중국이 공산주의 정권이니까, 그리고 자신이 자본주의보다 사회주의를 선호하니까 중국이 좋아 보인다고 생각하는 것은 국가 정책에서 대실패를 초래할 수 있는 잘못된 정책이라고 봅니다. 지금의 국제정치 상황에서 대부분의 우리나라 국민은 물론, 세계의 다수의 국민이 압도적으로 중국보다 미국을 더 선호한다고 자신들의 의견을 말하고 있습니다.

최근에 미국에서 발표된 퓨 리서치 조사에서 전 세계의 모든 국가를 대상으로 국민여론조사를 시행했습니다. 이 조사 결과에 의하면 대한민국 국민의 75%가 중국에 대해 부정적 인식을 가진 것으로 나왔습니다. 그런데도 우리나라 위정자들이 중국 위주의 정책을 추구하는 건 여론과도 맞지 않는 것입니다. 물론 대한민국이 중국과 밀접한 경제적 이해관계가 있지만, 중국은 아직도 인권 유린을 자행하는 가난한 독재국가입니다. 중국이 해양동맹을 앞서려면 한참 멀었다는 의미입니다. 또한 중국이 먼 미래에 잘살게 된다면 우리나라에 심각한 안보위협 대상이 될 수 있다는 사실을 직시해야 합니다. 인접 강대국은 모두 위험한 나라로 보고 대처하는 게 국제정치의 일반 원칙입니다. 그런데 우리나라 위정자들이 이 같은 국제정치 현실을 잘 보지 못하고 있다는 사실이 답답하고 안타깝습니다. 피고인 역시 대한민국의 대륙지향적 외교정책 전개는 올바른 정책이 아니라는 사실을 강조하고 지적한 것이라고 보고 있습니다. 그리고 그 같은 주장은 전혀 비판할 이유가 없는 올바른 주장입니다.

트럼프 대통령의 보좌관이었던 볼턴의 회고록에서 나타난 남북한 관계 및 한미동맹의 문제점은 무엇인가요?
볼턴이 트럼프 대통령의 보좌관으로 있다가 나와서 트럼프 대통령을 비하하는 회고록을 집필하였는데, 볼턴은 트럼프와는 세계관이 많이 다른 사람이었습니다. 트럼프 대통령이 당선되는 날 같은 방송국에 출연했던 맥팔랜드라는 여성 국제정치 학자가 있습니다. 맥팔랜드는 트럼프 대통령의 국가안보 부 보좌관을 담당했던 사람입니다. 맥팔랜드가 볼턴에게 '볼턴 씨는 누구를 찍었어요?'라고 했더니 '그놈이 바보 같지만, 힐러리보다 나아서 나는 트럼프를 찍었지'라고 대답을 했답니다. 맥팔랜드는 그렇게 트럼프를 무시하는 볼턴이 트럼프의 국가안보 보좌관이 되려고 애쓰는 모습을 보고 솔직히 놀랐다고 말한 적이 있습니다. 볼턴은 부시 대통령 계열에 속하는 세계주의자이며 네오콘(Neo Con)입니다. 반면 트럼프는 볼턴과 세계에 대한 입장이 많이 다른 국가주의자 혹은 미국주의자입니다. 그래서 볼턴은 트럼프를 비판적으로 보는 편이며 무시합니다. 이러한 측면을 인식한다고 가정하고 볼턴의 책을 말씀드리겠습니다. 볼턴은 그 책에서 '대한민국 정부는 북한의 핵무기 그 자체를 문제로 보는 것 같지 않다. 핵 문제보다는 통일 문제에 더 관심이 있는 것 같다'라고 지적하고 있습니다. 저는 학자적 입장에서 볼턴의 분석에 동의하지는 않습니다. 저는 지금 대한민국 정부가 통일을 위해서 간곡하게 노력하고 있다고 보는 편이 아닙니다. 지금의 한국 정부는 현 상황을 유지하고자 노력하고 있다고 보기 때문입니다. 즉 북한이 붕괴하지 않는 한 통일은 불가능한데 현 정부가 이와 같은 정책을 가지고 있다고 생각되지 않습니다. 물론 일부 비판적인 사람 중에는 혹시 이 정부가 대한민국이 북한에 흡수되는 통일을 원하는 것 아니냐며 비판하는 사람들도 있지만, 볼턴이 그런 의미로 말한 것 같지는 않습니다. 지난 수십 년 동안 진보나 보수나 대한민국 국민이라면 거의 모두가 통일에 대해 아주 열정적이었습니다. 보수적인 사람들은 통일을 소원이라고 말했고 진보적인 사람들은 통일을 염원이라고 말했습니다. 그런데 최근 우리나라 사람 중에 통일에 대해서 이야기하지 않는 사람들, 통일을 오히려 부정적으로 보는 사람들조차 많이 늘었습니다. 그래서 볼턴이 한국 정부가 통일에만 몰두하고 있다고 말한 것은 현실에 대한 정확한 기술이 아니라고 봅니다. 다만 볼턴이 지적하려는 바는 '한국 정부는 북한의 핵 문제 해결에 그다지 열정적이지 않다'는 사실을 지적한 것 같습니다. 저는 이 책이 전문적인 학자의 입장에서 보았을 때 국제정치를 잘 설명해 주는 탁월한 책은 아니라고 보는 편입니다.

한미동맹에 대해서는 어떻게 생각하는가요?
한미동맹에 대해서는 미국 사람들이 현재 한국 정부의 인식을 정확하게 해석하는 것 같지 않습니다. 물론, 현재 문재인 정부도 외형적으로는 한미동맹이 중요하다는 말을 항상 하는 게 사실입니다. 그러나 본질을 보아야 합니다. 동맹이란 친한 친구들이 맺는 것이기보다는 '적이 같은 나라' 즉 '공동의 적'을 가진 나라들이 맺는 국제조약입니다. 애초에 한미동맹이 체결되었던 당시 한미동맹이 상정했던 한국과 미국의 공동의 적은 '중국과 북한'이었습니다. 지금 미국은 중국과 북한을 적으로 보고 있는 것이 분명합니다. 그런데 현 한국 정부가 중국과 북한을 적으로 보고 있나요? 만약 그렇지 않다면 한미동맹은 그 뿌리가 흔들리고 있다고 말할 수 있는 것이지요.

물론 문재인 정부는 한미동맹을 양호한 것처럼 말하고 있습니다. 미국 사람들을 화나게 만드는 측면이 많음에도 불구하고 겉으로는 그런 얘기를 안 합니다. 현 정부의 100대 정책 과제 중 '한미동맹을 탄탄하게 하는 기반 위에서 전시작전통제권 전환'이라는 항목이 있습니다. '한미동맹을 튼튼하게 하는 기반 위에서'라는 말이 들어가 있듯이 현 정부가 한미동맹을 공개적으로 파탄 낼 것이라는 말은 하지 않습니다. 그러나 실제 내용을 보면, 현 정부가 한미동맹을 소홀히 한다는 사실을 여러 곳에서 발견할 수 있습니다. 최근 미국 국무부 장관이 한국을 방문한다고 했다가 오지 않고 일본에 들러서 호주, 미국, 일본, 인도 4개 국가 외무 장관하고만 회담을 하고 미국으로 돌아갔습니다. 우리가 호주보다 훨씬 더 큰 영향력이 있는 나라 아닙니까? 미국이 우리를 이렇게 대한다는 것은 한미동맹이 양호하지 못하다는 말이며 현 한국 정부가 이 부분에 대해 어느 정도 책임이 있는 게 아니겠습니까.

한국이 자꾸 미국의 동맹정책에서 외톨이가 되어 가는 것처럼 느껴지는데, 일반 시민이 보기에 왜 한국 정부는 '자꾸 미국하고 관계를 소홀히 하는 것이야'라며 불만을 표시할 수 있는 것입니다. 볼턴은 책에서 이 부분을 심각하게 다루거나 비난하고 있지는 않습니다.

피고인은 이승만 대통령의 1948년 건국헌법이 자유시장경제, 자유민주주의, 한미동맹, 기독교 입국론을 근거로 하였다고 하면서 이승만 대통령이 만든 헌법의 가치를 지키는 세력을 우파로 규정을 한 사실을 알고 있지요?
예, 그렇습니다. 피고인은 탁월한 이승만 전문가로서 이승만에 대한 책도 집필한 바 있습니다.

이승만의 『분노』라는 제목의 훌륭한 책인데 그 책에서 이승만 대통령의 건국 정신 4가지를 이야기했습니다. 제가 학자로서 애써서 이 책에 시비를 건다면 자유시장경제, 자유민주주의, 한미동맹, 기독교 입국론 중 '한미동맹'을 건국 당시의 4대 정신에 포함한 것에 의문을 제시할 수 있습니다. 왜냐하면 건국 과정에서 미국의 지원을 받았고 이승만 대통령이 미국과의 관계를 대단히 소중하게 생각한 것은 사실이지만 그것을 한미동맹이라고 말하는 건 무리가 있기 때문입니다. 한미동맹은 한국 전쟁을 빨리 끝내려는 미국의 정책과 공산주의자들이 도발한 한국 전쟁을 기필코 통일의 기회로 삼고 말겠다는 이승만 대통령의 전략이 서로 부딪히면서 타협의 산물로 얻어낸 대단한 결과물이었습니다. 즉 이승만 대통령은 미국의 휴전안에 합의해 주는 대가로 한미동맹이라는 기적적인 안전장치를 받아낸 것이고 이는 1953년의 일이니 1948년 건국 당시에 한미동맹이 건국의 4대 정신이라고 말하는 것에 시비를 걸 수는 있지만, 큰 맥락에서 본다면 문제가 되지 않습니다. 1954년 한미동맹이 효력을 발휘한 이후 이승만 대통령의 가장 큰 정책이 한미동맹의 강화 및 발전이었다는 사실은 삼척동자도 다 아는 사실입니다. 이미 독립투쟁 시절부터 이승만 대통령이 지향하는 바는 미국과의 돈독한 우호 관계를 유지하는 것이었습니다. 그 길이 나라의 독립과 발전을 이룩하는 데 유리하다는 사실을 이승만 박사는 확실하게 알고 있었던 것이죠. 1953년 이후에, 즉 한국 전쟁 이후 한미동맹은 우리나라 안보와 국가 발전의 견인차와 마찬가지였습니다. 1973년이 될 때까지 우리나라 국가 예산은 미국의 원조 규모에 따라 정해졌을 정도입니다. 1970년대 초반에 이를 때까지 미국이 주는 원조가 우리나라의 국가 예산의 대부분을 차지했고, 우리나라 국방예산은 사실상 100%가 전적으로 미국이 주는 원조에 의해 충당되었다고 말해도 될 정도입니다. 1953년에서 1973년에 이르는 20년 동안 미국이 많은 돈을 주면 그 해에 우리나라 전체 예산이 올랐습니다. 바로 그것이 이승만 대통령이 만들어 놓은 한미동맹이라는 대한민국을 위한 사활적인 안전장치 덕택이었던 것입니다. 대한민국의 건국에 관해 이승만 대통령이 제시한 4대 정신인 자유시장경제, 자유민주주의, 한미동맹, 기독교 입국론을 잘 따르는 것이 대한민국다운 행동이라고 보고 있으며, 정치학 개념에 애매한 점이 있기는 하지만 이승만 대통령이 제시한 4가지 정신을 잘 추종하는 세력을 대한민국의 보수파, 또는 우파라고 볼 수 있습니다. 즉 대

Ⅱ. 위대한 증언들 1. 이춘근 증인신문조서

한민국의 보수 우파는 다른 말로 하면 자유주의, 민주주의, 한미동맹, 기독교 입국론 등 이승만 대통령의 건국 정신을 잘 따르는 사람들이라고 말할 수 있습니다. 이들은 모든 대한민국을 사랑하는 대한민국파라고 말할 수 있으며 피고인은 이들을 뭉뚱그려서 우파라고 이야기하는 것입니다.

피고인이 이야기한 우파 개념은 여당, 야당을 구분하는 개념은 아니지요?
피고인은 야당(현재는 여당이 되었음) 국회의원인 집사님과도 친분이 있고, 이름은 잘 생각이 나지 않지만, 경기도에 있는 진보 색채가 나는 분에게도 대통령 자격이 있는 훌륭한 분이라고 격려하기도 했습니다. 피고인은 대한민국을 사랑하는 즉 대한민국파(大韓民國派)라면 지금 정당 소속이 무슨 당이나 관계없다고 말하십니다. 피고인은 언젠가 예배시간에 사랑제일교회를 방문한 더불어민주당 기동민 의원에게도 나중에 한번 대통령하시라고 격려한 적이 있습니다. 저는 피고인이 이야기하는 우파를 학자의 관점에서 설명하라면 대한민국을 지키려는 사람 모두를 통칭하는 넓은 개념이라고 말하겠습니다. 피고인은 자유주의, 민주주의, 시장경제, 한미동맹에 찬성하는 모든 사람을 대한민국파, 보수파, 우파라고 이야기하는 것입니다. 피고인이 이야기하는 바는 저쪽 정당은 좌파이고, 이쪽 정당은 다 우파라는 것이 아닙니다. 이쪽에도 좌파들이 있고 저쪽에도 우파가 있다는 것입니다. 정치학자들 사이에서도 좌파, 우파를 명확하게 구분하고 정의 내리는 합의된 기준이 없습니다. 좌파, 우파 등의 용어에 대한 명확한 정의가 없습니다. 진보·보수의 개념도 그렇습니다. 저는 스스로 진보라고 생각합니다. 어떤 사람들은 저를 꼴통 보수라고 칭하지만 스스로 역사 진행 방향의 맨 앞에 서서 그 역사의 수레바퀴를 끌고 가고 있는 지식인임을 자부하기 때문입니다. 진보란 역사의 진행 방향에 맞춰서(역사의 진행 방향과 같은 방향으로) 역사의 수레바퀴를 끌고 가는 사람 혹은 사상을 의미합니다. 세계의 역사는 인간을 자유롭게 하는 방향으로 진전하고 있습니다. 인간의 자유를 확장하려는 노력이 진보입니다. 저는 이 같은 면에서 피고인을 오히려 진정한 진보라고 보고 있습니다.

피고인이 공소사실에 나오는 2019년 12월 2일경 '자유우파를 중심으로 뭉쳐야 한다'라는 표현으로 기소되었는데, 그 표현은 2020년 4월 15일 총선을 염두에 두고 한 것이 아니라 한미동맹, 종북화의 위험성, 건국헌법을 지켜야 한다는 취지에서 연설을 한 것이지요?
예, 당연히 그렇습니다. 피고인이 의미하는 자유우파는 앞에서 설명했듯이 넓은 의미로 대한민국 모두를 말하는 것입니다. 대한민국이 자유국가이다 보니까 국가의 기본에 대해서 반대하는 것조차 허락되는 방만한 자유의 시대가 됐습니다. 그러다 보니 대한민국의 기초(國基)를 부정하고 흔드는 세력도 많이 나타나고 있습니다.

피고인은 2019년 12월 2일 하루가 아니라 수십 년 동안 대한민국과 자유우파가 힘을 합쳐야 한다고 이야기했습니다. 자유우파가 정권을 잡아야 우리가 나라를 지키는 데 유리하기에 자주 이러한 말을 했습니다. 이렇게 말하는 게 자유한국당(당시 이름)이 권력을 장악해야 한다는 의미는 아닙니다. 제가 옆에서 볼 때 피고인은 자유한국당을 좋아하는 것 같아 보이지 않았습니다.

증인은 한기총 정관에 공산주의로부터 기독교를 지켜야 한다는 내용이 있다는 사실을 들어본 적이 있나요?

사실 저는 그것에 대해 잘 알지 못하지만, 공산주의와 기독교 관계에 대해 공부했던 적이 있습니다. 공산주의 이론체계를 확립한 사람이 칼 마르크스입니다. 칼 마르크스의 유명한 말 중에 '종교는 민중의 아편이다'라는 말이 있습니다. 칼 마르크스도 인정했듯 기독교와 마르크시즘은 상극입니다. 세계 모든 나라와 마찬가지로 한국의 기독교는 당연히 공산주의를 배격해야 살아남습니다. 더군다나 우리와 대적하는 세력인 북한은 극도로 변형된 마르크시즘이지만(북한은 제대로 된 마르크스주의 공산국가도 아니다) 기독교라는 자체 존재를 부인하는 세력이기에 한국에 기독교는 자동으로 당연히 반북한, 반공이 됩니다. 제가 학생들을 가르칠 때 항상 인용하던 내용인데, 한국 전쟁이 터진 날 빌리 그레이엄(Billy Graham) 목사가 트루먼 대통령에서 전보를 보냈습니다. 그 전보문 내용은 다음과 같습니다. '(미국의) 수백만 기독교도들은 작금의 위기 상황에 대처하고 계시는 대통령에게 지혜를 주시라고 하나님께 기도드리고 있습니다. 강력하게 주장하는 바입니다. 지금 이 순간 공산당에게 강력히 저항하십시오. 한국에는 세계 어느 곳보다 기독교인 비율이 높습니다. 우리는 그들이 쓰

러지도록 방치하면 결코 안 됩니다(we cannot let them down).' 38선 전역에서 공산주의자들이 무력으로 밀고 내려오던 날, 그날은 2차 대전이 끝나고 5년도 채 되지 못한 날이었습니다. 빌리 그레이엄 목사는 한국 전쟁이 미국에도 큰 위기라고 보셨고 위기 상황을 맞이한 트루먼 대통령에게 '하나님께서 지혜를 주시라고 우리는 기도드리고 있다'라고 쓴 것이며, 한국의 기독교도들이 공산주의자들에게 무너지도록 방치할 수 없는 일이라고 강력히 경고한 것입니다. 트루먼 대통령은 빌리 그레이엄 목사님의 전보를 읽고 더욱 강한 결심을 했고 한국 전쟁에 개입, 대한민국을 공산주의 침략에서 구했습니다. 이 같은 역사 이야기는 한국이 기독교 때문에 공산주의 통일의 위협에서 살아남았음을 증명합니다. 마르크스는 '종교는 억압받는 자의 탄식'이라고 까지 말했습니다. 지금 세상의 모든 인간이 다 소수의 착취자에 의해 억압받고 있는데, 그 인간들은 종교라는 이름으로 탄식하고 있을 뿐이라는 말입니다. 또 마르크스는 종교를 '심장 없는 세계에 심장'이라고 말함으로써, 이 세상에는 심장이 없다고 말합니다. 무신론자인 마르크스는 하나님(신)을 믿는 사람들(유신론자, 유심론자), 즉 세상에 심장이 있다고 믿는 사람들을 정신병자 취급합니다. 그래서 그는 종교를 '혼이 없는 세계의 혼'이라고 말합니다. 마르크스가 보기에 이 세상에는 혼이 없습니다. 기독교 신자들은 하나님, 천국 등에 미혹 당하고 있다고 보기에 마르크스는 종교를 민중의 아편이라고 이야기하는 것입니다. 마르크스의 주장은 유물론입니다. 공산주의는 당연히 유물론입니다. 그러나 기독교는 물론 종교는 유신론입니다. 종교는 눈에 보이지 않는 것을 믿는 신념

(Faith)인 것입니다.

  하나님이 우리를 보호해주고 있다고 믿고, 우리가 하나님 말씀에 잘 거하면 하나님이 우리에게 진리를 알게 해 주고 그 진리는 우리를 자유롭게 한다고 믿는 사람들이 기독교도입니다. 공산주의는 당연히 기독교를 반대할 수밖에 없는 것입니다.

  사실, 저는 한기총 정관에 반공이라고 적혀 있다는 사실을 직접 읽어본 적은 없습니다만, 기독교도들은 당연히 반공주의자들이어야 함을 공부를 통해 확신하고 있습니다.

피고인이 한기총 회장이 된 이후에 복음 운동을 함과 동시에 신앙의 자유를 지키기 위한 애국 운동을 계속하게 된 것이지요?
예, 그렇습니다. 저는 피고인과 정치적인 견해가 같은 동지 관계라기보다 저의 신앙을 붙들어주고 길러주신 목사님으로 큰 존경을 하고 있습니다. 그런데 작금 대한민국에 마르크시즘이 너무 많이 번졌습니다. 사실 이 세상 어느 경우에도 마르크시즘을 통해 성공한 나라가 단 한 나라도 없습니다. 모든 공산주의 국가는 다 망했습니다. 중국은 다른 공산주의 국가들보다 먼저 자유주의 경제를 도입했습니다. 그래서 경제 발전을 이룩했는데 정치적으로 공산주의 정권을 유지하려다 보니 한계에 봉착해서 어쩔 줄 모르는 상황이 된 것입니다. 즉 중국의 문제는 국가가 마르크시즘을 버렸는데 정권이 마르크시즘을 유지하는 것입니다. 북한도 마찬가지입니다. 공산주의란 인간의 본질에 배반하는 잘못된 이데올로기인데 문제는 이 이데올로기가 젊은 사람들의 가슴을 울린다는 사실입니다. 이런 말이 있습니다. '20대에 마르크시스트가 아닌 사람은 심장이 없는 사람이고, 30살이 넘어서도 마르크시스트였던 사람은 뇌가 없는 사람이다.' 저도 그랬습니다. 소련 등 모든 공산주의 국가가 폐기한 공산주의가 우리나라에는 뒤늦게 찾아오고 말았습니다. 이 같은 비정상적인 상황에 대해 늘 안타까워하고 올바르게 고쳐져야 한다고 피고인은 항상 주장했습니다.

증인은 피고인이 2019년 6월 8일부터 2019년 11월 30일까지 일주일에 2~3회 집회 때마다 자유우파를 중심으로 단결하여 헌법과 대한민국을 지켜야 한다는 주장을 하는 것을 자주 보았지요?
예, 피고인은 '자유우파를 중심으로 뭉치자'고 늘 말했습니다. 제가 목사님 가까이 있는 신도 그리고 친구로서, 일요 예배 끝날 때마다 같이 점심을 먹으며 이야기 나누는 멤버로서 말씀을 드리면 목사님이 말하시는 '자유우파를 중심으로 단결하자'는 말은 '대한민국을 사랑하는 사람들, 이 나라가 북한에 의해 망하면 절대로 안 된다고 믿는 사람들은 다 뭉쳐야 한다'는 말과 같은 것이라고 말씀드리겠습니다. 여기서 자유우파란 어느 특정 정당을 의미하는 것이 아닙니다.

　피고인이 한 말이 '황교안'을 중심으로 뭉치자는 말은 아닙니다. 대한민국의 애국자들은 다 뭉쳐야 한다고 하는 의미에서 한 말입니다. 앞에서도 말씀드린 바 있듯이 제가 보기에 피고인은 (현재의) 야당을 별로 좋아하는 것 같지 않습니다.

피고인은 당을 직접 창당한 적은 없고 후원회를 했다고 하였지요?
예, 그것도 정교분리에 대해 왜곡된 결과 오해가 발생한 것입니다. 정교분리의 원칙이 나온 미국에서의 뜻은 국가가 종교 활동에 개입하면 안 된다는 것이지 종교인이 정치 활동을 하면 안 된다는 것이 아닙니다. 종교인도 국민이고 국민이 정치에 개입할 수 있지요. 사실 미국에서는 목사들도 정치할 수 있다고 되어 있습니다(제가 증언한 후 읽은 Jeffrey Robert 목사의 책에는 미국 목사들에게 국회의원 등에 출마하여 적극적으로 정치적인 목소리를 내라고 권유하는 내용도 있습니다).

그렇지만 피고인은 정치 참여에 대해서는 철통같은 원칙을 가진 분입니다. 스스로 '하나님에게 바쳤기에 목사 이외에 어떤 일도 하지 않을 것이다'라는 말씀을 한 두 번 하신 것이 아닙니다. 훌륭한 정치가가 출현하면 뒤에서 밀어줄 수 있다는 것 또한 아닙니다. 대한민국파(대한민국을 사랑하는 사람들 모두)라면 여당이든 야당이든 상관없습니다.

변호인 이명규	2019년 12월 2일 자 발언에 자유우파가 확보할 수 있는 의석수, 주사파 정당들이 확보할 수 있는 의석수, 자유한국당을 중심으로 하는 우파정당이라고 세 가지 표현이 나오는데, 자유우파 정당이라는 개념 하에 모일 수 있는 정당들은 정해져 있는 것은 아니지요?
증인에게	

그렇지요. 대한민국을 사랑하고 지키는 사람들 모두가 자유우파입니다

더불어민주당도 대한민국 헌법 가치를 존중하면 자유우파 정당이 될 수 있는 것이지요?

더불어민주당 중에 자유우파들이 있지요. 목사님이 실명도 언급하신 더불어민주당 자유우파 정치인도 있습니다.

대한민국 정당 중에 주사파를 지향하는 정당이 있나요, 없나요?

주사파를 공개적으로 지향한다고 주장하는 정당이 따로 있지는 않습니다. 제가 국내정치를 전문으로 연구하는 학자는 아니지만 어떤 정당의 정강 정책이 주사파 북한을 추정한다고 의심할 만한 내용을 포함한 정당이 있는 것은 사실입니다.

그런 것은 자유민주주의 기본질서에 어긋나기에 대한민국 헌법 안에서 주사파 정당이 있을 수 없는 것이지요?
예, 그렇습니다. 대한민국에서 주사파 정당이 존재한다는 사실은 헌법과 배치됩니다.

2019년 12월 2일은 황교안이 단식을 끝낸 직후여서 황교안의 단식 이야기도 하면서 자유우파, 주사파 정당, 자유한국당을 중심으로 한 우파 정당 이야기가 나옵니다. 피고인이 우파 정당에 자유한국당을 넣었는데, 자유한국당을 우파 정당에 포함 시킨 것은 계획적인가요, 미리 정하고 자유한국당을 우파 정당에 넣은 것인가요?
피고인이 보통 말씀하실 때 정교하게 학술적인 문장을 쓰지 않습니다. 대한민국의 자유주의를 지키겠다는 정당을 포괄적으로 우파 정당이라고 말씀한 것이고, 현실적으로 자유한국당이 그런 목표를 가진 것처럼 보이니 일반적으로 하신 말씀이지 황교안이라는 특정 개인을 지칭한 것은 전혀 아니라고 생각합니다.

2019년 12월 2일, 황교안 단식이 끝난 첫 번째 집회에서 자유한국당을 우파 정당에 포함 시켰는데 이것이 계획적으로 한 것이었나요, 즉흥적으로 이뤄진 것이었나요?
피고인이 말씀하실 때 학자들이 논문 쓰는 것처럼 체계적, 계획적이지 않습니다.

황교안이 단식한 직후라서 우파 정당에 자유한국당을 포함했다는 게 즉흥적으로 한 말인가요?
저는 그렇다고 봅니다. 피고인이 마지막 정답을 알겠지만, '자유한국당이 이번에 꼭 이겨야 해'라는 말씀도 정교한 의도를 가지고 한 말은 아니라고 봅니다.

계획적이라는 말을 잠깐 찾아봤는데 '일의 순서와 경로를 미리 정한다'는 것이 핵심키워드로 되어 있는데, 어떤가요?
피고인은 설교도 준비하는 분이 아닙니다. 설교조차도 성령을 받아서 현지에서 즉석으로 하는 분이 '내가 저 당이 승리하도록 하겠다'고 의도적으로 말하지는 않았을 것입니다.

자유우파 정당과 주사파 정당은 특정될 수가 없지요?
주사파 정당은 한국 헌법에 의하면 사실은 존재하면 안 되지요.

자유우파 정당도 특정될 수 없는 것이 맞지요?
예.

자유한국당을 명시한 것은 미리 정해서 계획적으로 한 것이 아니라 즉흥적으로 한 것이 맞지요?
네, 즉흥적이지요.

Ⅱ. 위대한 증언들   1. 이춘근 증인신문조서

검사
증인에게

그런데도 피고인이 주사파 정당이라고 표현을 쓴 이유는 무엇인가요. 피고인의 속마음을 알고 있는가요?

피고인이 왜 저런 말을 썼는지 그 속마음을 알 수는 없지요. 사회 과학적인 개념을 정말 학문적으로 따지면 문장한 줄 작성하고 단어 하나 택하는 데 1시간도 더 걸릴 수 있습니다.

저는 피고인이 심각하게 고민하고 생각한 후 그런 말들을 했다고 보지 않습니다. 더군다나 대중 연설을 할 때 말입니다.

통상적인 말로 이해해주어야 할 것입니다. 학생들에게 논문 지도하며 글자 하나하나 다 따지고 캐물으면 학생들이 웁니다. 이 친구가 이런 의미에서 이 용어를 썼구나 하고 모두가 아는 상식선에서 넘어갈 수 있는 것입니다.

피고인은 미리 준비하지 않아도 본인이 의중하고 있는 이야기를 정확하게 대중에게 전달하는 스타일이지요?

피고인이 훌륭한 커뮤니케이터라는 점은 확실하지만, 이야기 할 때 "이거 이야기하면 혹시 선거법에 위반되는 것 아닌가." 등을 자세히 따져보고 말씀하는 분은 아닙니다. 통상적으로 우리가 뜻을 이해할 수 있는 수준의 이야기이지 않겠습니까.

위에 보면 2019년 12월 2일 자 발언인데, 그 이전에도 피고인이 교회나 다른 집회 현장에서 구체적인 4월 15일을 언급하면서 의석수도 언급한 사실이 있나요?
피고인이 가끔 그런 이야기를 했는데, 그것이 마치 학자가 논문을 쓴 것처럼 정밀한 의도를 가지고 한 것이라고 보기 어렵습니다.

있었나요?
있었습니다.

언제였나요?
저는 행사에 잘 가지 않아서 언제인지는 잘 기억하지 못합니다.

피고인이 한 말 중에 "대구·경북 200석에 대해서 경북·대구 25석, 김부겸, 강원도, 충청도 몇 석, 서울·수도권 122석, 내년 4.15 총선에서 자유우파연대 정당들이 힘을 합쳐서 200석을 해야 한다. 수도권 122석 중에서 22석은 안 되고, 100석을 얻어야 한다. 그렇게 되려면 부산에 사는 분들이 수도권에 사는 젊은이들에게 전화해야 한다"라고 있는데, 2019년 11월 30일 이전에 이와 같이 구체적으로 말한 적이 있나요?
저는 직접 들은 바가 없습니다.

증인은 언제부터 피고인을 알게 되었나요?
10년 정도 됐습니다.

증인은 사랑제일교회 성도인가요?
예, 제가 거기 5년째 다니고 있으며 현재 집사입니다.

기독자유당 당원인가요?
당원 아닙니다.

뉴스앤조이라는 인터넷 언론사를 아는가요?
그 회사가 있다는 것은 아는데 그 회사의 구체적 내용은 모릅니다.

뉴스앤조이는 기독교계 인터넷 언론이지요?
예, 저는 한 번도 들어가 본 적이 없어서…. 그렇게만 알고 있습니다. 뉴스앤조이가 우리가 흔히 하는 말로 좌파 쪽이라고 알고 있습니다.

2019년 5월 25일 언론 보도에 따르면, 2019년 5월 14일에 청교도영성훈련원 설교에서 피고인이 기독자유당을 언급하면서 '이춘근 교수를 기독자유당에 비례대표로 확정했다'고 이야기했다던데 그 현장에 있었는가요?
저는 그런 얘기를 듣지 않았습니다.

오늘 처음 듣는 이야기인가요?
그냥 흘러간 이야기로 들었으며 저는 항상 피고인에게 학자가 더 좋다고 이야기합니다.

설교에서 흘러간 이야기로 들었다는 것인가요?
설교가 아니라 누군가에게 전해들은 적은 있는데, 피고인이 제게 직접 말한 적은 없습니다.

기독자유당은 고영일 변호사님이 대표로 있는 정당이지요?
예.

증인은 당원이 아니라는 이야기이지요?
예, 저는 가입은 하지 않았습니다.

지나가는 말로 피고인이 증인의 비례대표 여부에 대해서 이야기한 적이 있다고 하였는데, 어떤가요?
피고인이 저에게 "이춘근 교수도 국회의원 해야 한다"라는 말을 한두 번 한 것이 아닙니다. 많이 말씀하셨습니다. 그럴 때마다 저는 "공부를 더 잘하니 공부와 연구를 계속하겠다"고 말했습니다.

이 보도에 따르면 피고인이 한기총 대표가 된 이후에 1순위로 추진하는 사업이 기독자유당에 국회 진입이라고 주장하고 있는데, 아나요?
모릅니다.

피고인이 2019년 3월경부터 21대 총선을 대비해서 한기총과 기독자유당이 MOU를 맺고 전국 253개 선거구 지역연합을 조직한다고 이 신문이 보도했는데, 아나요?
그것은 오보라고 생각합니다.

기독자유당이나 기독자유통일당이라는 당에 소속된 당원으로서 이번 선거에 출마한 것은 아닌가요, 이번 선거에 출마 안 하였지요?
예. 출마하지 않았습니다.

증인은 외교 분야에 문제가 심각하다고 이야기했고, 피고인은 외교뿐만 아니라 4대강, 경제문제, 현 정부에 대한 비판을 많이 하고 있으며 변화가 있어야 한다고 주장하는데, 외교 문제가 해결되려면 어떻게 해야 하나요?
그분들이 마음(관점)을 바꾸면 됩니다.

선거에서는 어떤 의미가 있나요, 선거에서 안 좋은 방향이나 비판 정책을 추진하는 세력을 교체하면 되는 것 아닌가요?
권력을 가지고 있는 사람들이 생각을 바꾸는 것이 가장 좋은데 그게 안 될 경우에 민주주의 절차에 따라 올바른 생각을 가진 분들을 선출해야지요. 민주주의 원칙이 바로 그런 것 아니겠습니까.

외교에 대한 걱정이 많았기에 4.15 선거가 증인의 입장에서도 중요했겠네요?
당연하지요.

| II. 위대한 증언들 | 1. 이춘근 증인신문조서 |

변호인 이명규
증인에게

피고인이 2019년 6월 8일 이후, 시국선언을 한 이후, 문재인 하야 투쟁 이후 계속 같은 활동을 해왔지요?
예.

활동을 하다 보면 여러 가지 사회적인 이벤트가 생기게 되는데 그때그때의 상황에 맞춰서 피고인의 발언이 바뀌어 왔던 것은 맞지요?
그렇지요. 상황이 달라지면 분석도 달라지고, 언급도 달라지지요.

문재인 하야 투쟁을 하다가 조국 사태가 벌어지면 조국 이야기도 하고, 정경심 사태가 벌어지면 정경심 이야기하게 된 것이 맞지요?
예, 맞습니다.

선거가 다가오면 선거에 대한 이슈를 쟁점으로 삼기 위해 활동할 수 있는 것이지요?
그것은 민주주의 국가에서 온 국민이 가지고 있는 고유한 자유(권리)이지요.

나의 주장을 선거 쟁점으로 삼아 선거 공약이 되고, 결국

정치에 반영되게 하는 게 정치적 자유가 아니겠어요?
예.

피고인이 말한 것처럼 대한민국주의 헌법 수호 운동을 했다는 것이지요?
피고인은 한마디로 말하면 대한민국 애국주의자입니다.

당시에 선거가 임박했고 황교안 단식투쟁이 있었기에 즉흥적으로 이야기를 했지만, 그전에는 계기가 없어서 이야기를 안 했다고 하는데 맞나요?
그렇겠지요. 사실은 피고인이 좀 즉흥적일 때가 있습니다. 모든 사람이 다 그렇지 않겠습니까.

피고인이 선거 이전에 선거에 관해서는 말한 사실이 없는 게 맞나요?
저는 선거와 관련된 말을 들은 기억이 없습니다.

Ⅱ. 위대한 증언들　　　1. 이춘근 증인신문조서

피고인 전광훈
증인에게

제가 분노하는 제1대목은 1945년 8월 6일 히로시마 원자탄이 터지고 3일 후에 나가사키에 원자탄이 터졌을 때, 그리고 일본이 항복한 후 오키나와에 있는 미군이 한국에 들어온 이유가 일본군을 쫓아내고 대신 한반도를 식민지 살이 시키기 위함이라고 말하는 점에 있습니다. 좌파와 주사파가 이 교리로 우리나라의 젊은이들을 다 망쳐놨습니다. 그래서 미군만 안 들어 왔으면 너희들이 군대에 안 가도 돼, 미군만 안 들어 왔으면 6.25도 없었어, 미군만 안 들어 왔으면 한반도가 나뉘는 경우도 없었다는 거짓말을 자행하고 있습니다. 종교적 지도자들을 비롯하여 한양대학교 이영희, 서울대학교 백낙청, 고려대학교 최장집, 이 사람들이 현재 대한민국을 망쳐놓은 것입니다. 저는 이들이 주장하는 바가 사실이 아니라는 것을 알고 분노하여 목숨 걸고 30년 동안 애국 운동을 해왔는데 국제정치학 학자로서 그들의 주장이 맞는 것인가요?

예, 1분 안에 설명해 드릴 수 있는 아주 심플한 진실인데, 1945년 초가을 미국이 한국을 점령한 이유는 한국을 점령한 것이 아니라 사실은 일본을 점령한 것입니다. 당시 한국은 일본이 점령하고 있는 식민지 영토였습니다. 그리고 미국은 한반도를 초센(Chosen)이라고 조선을 일본식 이름으로 불렀습니다. 당시 미군이 사용하던 전략 지도에는 조선은 초센이라고 적혀 있습니다. 일본말로 초센, 미국은 일본의 일부인 초센을 점령하려 왔던 것이지요. 미국이 2차 대전 종전 무렵 전략적 판단 오류가 있기는 했지만 그것은 미국이 나쁜 짓을 한 것이 아니라 실수를 한 것이지요. 이 전략 판단 미스(실수)가 무엇이냐 하면, 당시 미국 군부는 일본군을 완전히 격파시키는 데는 독일이 항복한 후에도 약 18개월을 더 치열하게 싸워야 하고 그 전투에서 미군의 인명 피해가 거의 100만 명에 이를 것이라고 판단했습니다. 한반도에 주둔하고 있는 일본군, 그리고 만주에 있는 일본군(관동군)의 힘을 과대평가했던 것입니다. 그래서 당시 미국이 이 같은 상황을 타개하는 방안으로 일본과의 전쟁에 소련을 개입시키고자 노력한 것입니다. 미국은 지속적으로 소련의 개입을 종용했고 소련은 차일피일 시간을 끌었습니다. 그때만 하더라도 미국과 소련이 같은 편(동맹)이었습니다. 소련은 그때 관동군이 사실은 허깨비라는 진실을 알고 있었습니다. 미국이 8월 6일 히로시마에 원자탄을 투하하고 일본이 곧 항복할 것이 확실한 시점인 8월 9일 새벽 0시 소련은 일본에 선전포고를 하지요. 당시 미국의 작전 장교들은 소련이 대일 선전포고를 하자마자 파죽지세로 소련군이 한반도에 진입하는 상황에서 허겁지겁 38선을 구상합니다. 38선 이북에 있는 일본군에 대해서는 소련군이 항복을 받고 38선 이남의 일본군은 미군이 항복을 접수하겠다는 군사적 편의주의였습니다. 당시 미국 군부는 어떤 조치가 없다면 소련군이 한반도 전체를 다 점령할지도 모른다고 생각했습니다. 당시 미국군 육군 대령 두 사람이 이 같은 상황에서 대책으로 만든 것이 38선이라는 구상인데 본스틸, 러스크 등 대령 두 명이 한반도가 그려진 백지도를 놓고 소련군이 한반도를 다 점령하는 것을 막기 위해 소련군이 내려올 수 있는 한계선을 구상했는데 여러 가지 선(36도선, 38도선, 40도선 등)을 고려하다가 38선이 제일 좋을 것 같다고 정한 것입니다. 38선이 좋을 것 같다고 제안서를 올린 대령들에게 당시 조지 링컨 준장이 38선은 너무 남쪽이라고 생각하고(그는 40도선 정도를 원했던 것 같습니다) 대령들에게 다시 문의하니 대령들은 과연 소련이 38도선을 받아들일지도 미지수라고 말합니다. 소련군은 당시 한반도를 다 점령할 수 있었습니다. 미군 중 한반도에 가장 가까이 있던 부대는 오키나와에 있었습니다. 그때 38선을 정하지 않았더라면 소련군은 한반도 전체를 점령했을 것이 거의 확실합니다. 우리나라 분단의 역사를 아주 단순하게 설명했습니다. 미국은 38선 아래에 한국에서 제일 큰 항구 2개(인천, 부산)가 있고 서울도 38선 남쪽에 있다는 사실에 38선을 임시선(소련군 남하 한계선)으로 적당하다고 생각했던 것 같습니다. 당시 대령 중 한 사람인 본스틸 대령은 1960년대 육군 대장으로 우리나라에 주한미군 사령관으로 와서 근무했고 다른 한 사람인 러스크 대령은 1960년대 초반 미국 국무장관 직책을 담당했었습니다. 소련군은 8월 24일 한반도 38선 이북을 다 장악했고 미국군 점령군은 9월 8일 인천을 통해 한반도 38선 이남 지역을 점령하러 옵니다. 일본군을 무장해제 하기 위해서지요. 미국이 한국을 정치적으로 점령할 계획을 세운 것이 아니라는 사실은 다음과 같은 에피소드에서도 나옵니다. 당시 점령군 사령관인 하지 중장은 한국으로 향하는 배 위에서 자신이 앞으로 담당할 임무에 대해 불만스런 목소리로 투덜거립니다. "나는 전쟁밖에 모르고 정치는 하나도 모르는데 나보고 일본 점령지를 통치하라고 하니…"라고 하면서 보좌관에게 "한국 사람들은 무슨 말을 쓰고 사는가"라고 물었습니다. 장군의 질문에 대해 보좌관은 "모르겠습니다"라고 대답했다고 합니다.

우리나라가 분단되고 미소 양국군의 한반도 점령 과정을 아주 간략하게 말한 것인데, 그것을 보면 미국이 우리나라를 식민 통치하러 왔다고 말하는 것은 올바른 설명이 아닙니다. 공산주의자들이 주장하는 미국의 행동에 대한 심히 왜곡된 주장이 아닐 수 없습니다. 러스크 대령(국무장관)이 한국 전쟁 50주년 기념세미나 참석차 서울의 국방대학원에 왔다가 "나는 당시 소련이 38선을 받아들여서 오히려 놀랐다. 아마도 소련은 일본 본토의 일부를 점령하고 싶어서 미국의 38선 제안을 받아들인 것 같다"고 회고하는 것을 들은 적이 있습니다. 2차 대전의 동맹으로 전쟁을 했던 미국과 소련은 전쟁이 끝나자마자 거의 즉각적으로 적국이 되었습니다. 본시 공산주의 국가인 소련과 자유주의 국가인 미국이 동맹이 되기 힘들었지만, 미국과 소련 모두에게 더욱 무서운 적국인 독일, 일본이라는 대적이 있어서 동맹이 되었던 것이고 독일과 일본이라는 대적이 없어지니까 미, 소 두 나라는 즉각 적대 관계로 빠져들어 갔던 것입니다. 이 같은 과정에서 임시로 그었던 38선이 민족 분단이 되어 버린 것이지요.

소련은 한반도를 해방시키기 위해 오고, 미국은 점령군으로 왔다고 말하는 좌파들의 역사관은 역사의 본질을 왜곡하는 것이라고 생각합니다. 피고인은 분단의 역사를 정확히 알고 있고, 많은 젊은이가 이를 잘못 알고 있다는 사실에 분노하고, 그들을 깨우치려고 노력한 것입니다.

현재 우리나라에 와 있는 미군은 해방 이후에 온 미군이 아니지요?
그렇지요. 1949년 6월 30일에 주한미군은 다 철수했었습니다. 일본군에 항복을 받으러 왔던 미군이 모두 철수한 후 약 반년 정도 지난 후인 1950년 6월 25일에 전쟁이 났고, 미군이 다시 한국에 들어온 것이지요. 지금 한국에 주둔하는 미군은 엄밀히 말하면 1950년 북한의 6.25 남침 전쟁, 즉 북한이 불러들인 것이지요. 법적으로 1945년에 왔던 그 미군이 아니라는 말입니다.

육군사관학교 등 삼군 사관학교에 입학한 생도 중에서 6.25 전쟁을 우리(대한민국)가 일으켰다고 대답하고 있는 생도들이 32%나 된다고 하는데, 이 책임은 누가 져야 하는 것인가요?
잘못된 교육으로 잘못된 지식을 널리 전파한 사람들 모두가 책임져야 할 문제입니다. 그 외에도 우리나라에는 잘못된 지식에 의거한 교육과 생각이 널리 확산되어 있습니다. 한 예로 많은 사람이 중국이 곧 세계에서 제일 강한 나라가 될 터이니 우리는 미국보다 중국과 잘 지내야 한다며 친중 정책을 정당화시키고 있습니다. 이는 잘못된 것입니다. 중국이 곧 미국을 앞설 것이라는 이야기, 국제정치학적으로 말이 안 되는 이야기를 믿고 있는 사람들이 잘못된 상황을 책임져야 할 것입니다. 만약 미국이 내일모레 망하고, 중국이 미국을 앞서 세계 1등이 되는 것이 진실이고 곧 닥쳐올 현실이라면 우리도 어쩔 수 없이 중국 편을 택해야 하겠죠. 그런데 그것은 진실이 아닙니다. 피고인은 위정자들이 올바른 지식에 근거한 올바른 정책을 택해야 한다고 믿고 있으며 그 같은 생각을 널리 전파하고 싶어 애쓰고 있는 것입니다.

-끝-

II. 위대한 증언들   2. 이동호 증인신문조서

이동호 증인신문조서

이동호 원장

연세대학교 재학하며 서울지역총학생회연합 연대사업국장, 전국대학생대표자협의회 연대사업 국장을(1988년~1989) 겸임하며 학생운동을 주도하였다. 좌파운동권의 허상을 깨닫고 전향하여 한국정치 발전을 위해 노력하고 있다. 한나라당 참정치운동본부 총간사와 새누리당 지방선거대책위 실무기획단 팀장을 역임했다.

저서 <문제는 정치야 바보야(운동권 정치를 심판한다)>

변호인 이성희
증인에게

증인은 연세대 주사파 지하조직인 연세대 비밀학생회의 중앙위원으로 활동하였지요?
예.

1989년까지 서울지역총학생회연합(서총련) 연대사업국장

겸 전국대학생대표자협의회(전대협) 연대사업국장을 하면서 전대협 소속 활동가들을 지휘하였지요?
예.

한국 주사파의 대남혁명전략 및 공산주의 전략에 대해서 누구보다 잘 알고 있지요?
예, 그리고 제 경력 가운데 하나 빠진 것이 있는데, 당시 임수경 방북 사건의 배후인 주사파 지하조직 '조국통일그룹'의 중앙위원을 겸하여 활동하고 있었습니다.

증인의 지하조직에서 지도 및 교육을 받은 전대협 주사파 출신들이 현 정부의 중요 조직에 많이 들어가 있지요?
예, 제가 직접 교육 혹은 지도한 사람들이 있습니다. 당시 전대협 간부들은 모두 북한의 혁명론을 학습하고 이에 충성을 맹세한 사람들이 다수였습니다. 그리고 주사파들의 지하활동 행태는 북한의 남한혁명지도부인 '한국민족민주전선'을 자신의 지도선으로 인정하고 있었습니다. 한국민족민주전선이라는 북한의 대남혁명 지하지도 조직이 남조선 혁명을 위해 송출하던 방송이 있었습니다. 그 이름이 '구국의 소리' 방송이었습니다. 그 방송에서 주체사상에 관한 교육, 남조선 혁명 역사에 관한 교육, 혁명론에 대한 교육, 구체적인 전술과 구호와 투쟁 평가들에 대한 지침이 내려옵니다. 그래서 전대협 내부의 핵심 주사파들은 그 지침을 전부 청취하여 문건으로 만들었습니다. 연세대학교의 경우는 5개 녹취팀이 있었습니다. 북한의 '구국의 소리' 방송을 24시간 녹취해서 그 내용을 학습하고, 매일 숙지했고, 거기에 나오는 지령들을 성실히 수행하려고 노력했습니다.

그 당시 증인과 구국의 소리 녹음파일을 들으면서 같이한 사람들은 어떤 사람들인가요?
당시 전대협에 소속된 간부들은 '구국의 소리' 방송에서 나오는 지령, 전술과 주체사상, 북한의 혁명론을 그대로 숙지하고, 그대로 행동했던 사람들이라고 보면 됩니다.

그분들이 현 정부에 많이 있다는 것인가요?
예.

주사파는 주체사상파를 말하는데, 이 주체사상은 북한에서 먼저 생긴 것 아닌가요?
제가 알기로는 주체사상이란 황장엽 씨가 마르크스-레닌주의를 보완하여 만든 '인간중심철학'입니다. 처음에는 북한 내부에서 이를 두고 수정주의라며 호된 비판을 했습니다. 그러나 그 황장엽의 인간중심 철학을 바탕으로 김정일과 그 주변 공산주의 이론그룹이 북한의 통치 이데올로기를 만듭니다. 그 결과 김정일 이름으로 '주체사상에 대하여'라는 논문이 나옵니다. 김정일과 그 주변 이론 그룹들이 주체사상을 당과 북한의 통치 이데올로기로 만드는 과정에서 수령론을 첨가해 수령에 대해 절대적 충성을 강요하는 주체사상으로 만들었습니다. 이러한 주체사상에 입각한 혁명론이 '주체혁명론'이라고 합니다. 대한민국에서 알려지기로는 '민족해방 인민민주주의 혁명론'이라고 알려져 있습니다. 영어로는 NLPDR(National Liberation People's Democracy Revolution)이라고 합니다.

북한의 대남혁명론은 북한에서 1970년도에 최종적으로 정식화됐고, 1991년도에 인민이라는 용어를 뺐습니다. 이는 남한에서의 인민에 대한 거부감을 감안한 것입니다. 북한의 대남혁명론은 '민족해방 민주주의 혁명론'으로 이름이 바뀌었는데, 그것을 한국에서 활동하던 주사파를 포함하여 일단의 공산주의 그룹들이 수입해 그대로 자신의 혁명론으로 받아들이게 됩니다. 주사파들의 남조선 혁명론이 북한의 주체사상에 입각한 남조선 혁명론인 '민족해방 인민민주주의 혁명론'입니다. 그래서 이런 북한의 혁명론을 추종하는 그룹을 '주사파' 혹은 영어 민족해방의 앞 자를 따서 'NL그룹'이라고 부릅니다.

한국 내 주사파는 언제부터 그 시점을 보면 되나요?
최초는 1968년도 통혁당입니다. 1968년 8월 당시 중앙정보부는 북한의 지령을 받아 한국에서 활동한 북한의 지하당 '통일혁명당' 사건을 발표했는데, 그때 통혁당의 수괴였던 김종태는 수차례 직접 방북하여 김일성을 만나 지령을 받았습니다. 현재 우리가 잘 알고 있는 통혁당 출신 인사는 신영복이라는 사람입니다. 이들은 북한의 주체사상과 북한의 지령에 입각해서 남조선 혁명을 위해서 일했습니다. 통일혁명당의 강령을 보면 주체사상이 우리의 지도 사상이라고 정확히 밝히고 있습니다. 그들이 맨 처음 시작했습니다. 북한은 통혁당 사건 이후 한국에 주체사상을 전파하려고 많은 노력을 했습니다. 대학가에 몰래 잠입해 강의실에 주체사상 관련 문건을 몰래 두고 가기도 했습니다. '예속과 함성'이라는 문건이 그것입니다. 주체사상이 한국의 학생운동에 본격적으로 전파되기 시작한 것은 한참 후입니다.

한국 학생운동에 주체사상과 혁명론이 본격적으로 전파되기 시작한 것은 1984년도로 알고 있습니다. 운동권 주류에서 밀려난 MC그룹(주류라는 영어 Main Current에서 나온 명칭입니다) 중 서울대에서 활동하던 일단의 공산주의 활동가그룹으로 김영환이 주도했던 '단재사상연구회'라는 그룹이 주체사상을 남한에 확산하는 역할을 하게 됩니다. 김영환 그룹은 남한의 혁명을 고민하다가 마르크스-레닌주의와 다른 한국식 혁명론이라고 해서 선배 공산주의자들을 통해 북한의 혁명론을 알게 됩니다. 이들은 북한의 대남혁명 방송인 구국의 소리 방송을 단파 라디오를 통해 청취 학습하고, 그것을 한국의 학생운동에 배포했습니다. 당시 김영환이 쓴 '강철서신'은 한국의 학생운동에 큰 파장을 일으켰습니다. 한국에서 학생운동 한 사람 중 안 본 사람이 없을 정도로 유명했습니다.

증인 말씀대로라면 1968년도 통혁당 때 핵심적으로 활동했던 분이 신영복인가요?

그렇습니다.

그래서 신영복을 우리가 일반적으로 '간첩의 수괴다'. '주체사상파의 원조다' 이런 표현을 쓰는 것인가요?
예, 그렇게 이야기할 수 있습니다. 왜냐하면 신영복 씨는 1968년도에 통혁당의 핵심 당원이었습니다. 그는 육사 교관 신분으로 남조선 혁명을 위해 일하던 사람이었습니다. 김종태 위원장의 산하에서 이론가로 활동하던 핵심인물이었습니다.

그는 구속되어 20년형을 살다가 88올림픽 개최를 위해 공산주의 국가와 화해하던 당시의 정국 분위기에 힘입어 석방되었습니다. 그러나 석방 후에도 자신의 생각을 바꾸지 않았습니다. 신영복은 1998년 '말'지와 인터뷰에서 '자신은 동지들을 배신하지 않았고, 통혁당 당시 가졌던 사상을 지금도 그대로 수용하고 있다. 그리고 그것을 위해 노력할 것이다'라고 직접 말한 바 있습니다.

현재 문재인 정부에서 활동하고 있는 전대협 출신 학생회장과 간부 출신들은 대부분 1984년 강철서신으로 비롯된 주체사상을 학습하고, 이를 신봉했던 것이 맞나요?
당시 각 대학교 총학생회, 특히 전대협은 학생운동 내에 주체사상을 수용한 일단의 그룹들이 만든 조직입니다. 1986년 10월 건대 사태에서 주사파 활동가들이 거의 일망타진되어 약 1,200명 정도 구속됩니다. 그런데 당시 주사파 각 대학연합조직인 '구학련'(구국학생연맹) 내에서 살아남은 그룹이 있는데, 고려대 노어노문학과 4학년 제적생 조혁이라는 사람이 이끄는 고려대를 중심으로 하는 조직이었습니다. 조혁은 당시 주사파 학생운동 내에서 대학 간 연락과 연대 사업을 하는 언더조직인 지하 비밀조직을 담당하고 있었습니다. 우리들은 이를 '페더선'이라고 합니다. 그 선이 살아남았고, 경찰의 수사를 피했습니다. 조혁은 각 대학 간 연락선을 가지고 있었기 때문에 주사파 조직을 재건하는데 유리한 조건을 가지고 있었습니다.

조혁을 중심으로 하는 주사파 지하조직은 건대 사태로 비롯된 공안당국 탄압의 구실을 피하기 위해 또 운동의 대중화를 위해 학생운동이 대중노선으로 전환되어야 한다고 주장합니다. '공산당 핵심 간부들은 기본적으로 대중 속에 들어가 대중들과 함께 활동해야 한다'는 것이 북한의 혁명적 군중 노선인데 이를 한국의 학생운동에 적용해야 한다는 것입니다. 공산당과 그 간부는 대중 속에 있어야 공안당국의 탄압으로 조직을 보호하고 대중들을 혁명으로 동원할 수 있다는 것이 그 주요 내용입니다.

조혁이 중심이 된 주사파 지하조직은 북한의 혁명적 군중 노선을 한국의 학생운동에 적용하여 주사파가 학생들 속에 들어가야 한다고 하여 '전투적 총학생회 노선'을 만듭니다. 이 노선에 따라 그동안 운동권들이 자기들만의 서클로 존재하던 운동방식을 버리고 주사파 조직원들이 대거 각 대학 학생회로 들어갑니다. 그래서 각 단과대 학생회, 과 학생회, 그리고 총학생회를 들어가 장악합니다. 전투적 총학생회 노선에 입각한 '대중 속으로'라는 노선의 변화가 일어나면서 주사파 학생운동이 서클 중심에서 학생회를 중심으로 활동 공간이 옮겨 갑니다. 전투적 총학생회라는 주사파 학생운동이 대중운동으로 전환한 결과 1987년도에 이르러 한국의 주사파 학생운동은 운동의 대중화가 급격히 이루어집니다. 그리고 이 주사파 학생운동의 대중화가 1987년도 6월 투쟁의 도화선과 동력이 됩니다. 1987년 이전 학생운동에서 시위를 하면 100명, 200명 정도가 모여 시위를 하던 것이 주사파들이 학생회를 장악하고 나서부터는 1,000명, 2,000명으로 늘어납니다. 그것이 1987년 6월 투쟁의 기본 동력이 되었습니다.

당시 주사파 출신들이 각 대학의 학생회를 장악하고 조혁을 중심으로 하는 주사파 언더 지하조직이 중심이 되어 각 대학 간 연합조직을 결성했습니다. 각 대학 학생회가 전대협으로 활동했던 것은 주사파 지하조직이 배후에서 활동한 결과입니다. 주사파들이 각 대학 총학생회들을 장악했고, 전국대학총학생회들 간 연합한 것이 전대협입니다. 그 최초의 출발은 서울지역에 있던 총학생회들의 연합체인 '서울지역대학생대표자협의회(서대협)'입니다. 1987년 4월에 연세대학교에서 출범했습니다. 서울지역대학생대표자협의회가 출범하고, 서대협이 주축이 되어 1987년 6월 투쟁이 성공합니다. 그리고 1987년 6월 투쟁의 성공을 배경으로 1987년 8월에 충남대에서 드디어 전국적인 주사파 대학생 대중조직인 전대협(전국대학생대표자협의회)이 발족합니다. 당시 전대협에 소속되어 있던 총학생회장, 각 대학교 총학생회 간부,

단과대 학생회장, 단과대와 과 학생회 간부들은 다 주체사상을 수용했고, 주체사상 헌신하기로 했던 사람이라고 보면 됩니다.

그 당시에 총학생회 과대표 등의 인물 중에 증인이 아는 대표적인 사람은 누구인가요?

공산주의 사상에 입각한 조직은 기본적으로 4개의 조직으로 구성됩니다. 맨 위가 'VO'라고 해서 'Vanguard Organization'입니다. 그것은 공산당입니다. 현재로는 대한민국에 공산당이 구체적으로 드러난 것은 없습니다. VO 아래에 RO가 있습니다. 이석기 사건에서 드러난 'RO(Revolution Organlzation)'라는 게 바로 그것입니다. 'VO'의 지도를 받는 조직입니다. 그 다음에 저희처럼 각 대중조직 안에서 활동하는 혁명분자들의 조직이 있는데 그것을 'RMO'라고 합니다. 'RMO(Revolutional Mass-Organization)'는 대중조직에서 활동합니다. 연세대 비밀학생회가 RMO에 해당합니다. 연세대 비밀학생회는 각 과와 단과대의 핵심 조직원들이 있었고, 그들이 1년에 두 번 정도 핵심자 대회를 합니다. 저도 그 대회를 통해서 4인으로 구성되는 비밀학생회를 지도하는 중앙위원으로 선출되었습니다. 당시에 저의 대외적인 명칭은 연세대 총학생회 기획부 차장이었지만 실제로는 제가 총학생회 지도 담당 중앙위원이었습니다. 그리고 당시 총학생회장은 우상호였습니다. 공산당과 주사파들의 조직 활동은 위와 같은 방식으로 활동했기 때문에 사실상 총학생회의 활동을 보려면 언더조직과 함께 봐야 됩니다.

남한에서의 주사파의 최후 목적지는 무엇인가요?

주사파들은 북한의 혁명론을 수입했기 때문에 북한 혁명론의 최후 목적지와 동일합니다. 북한의 혁명론에서 남한혁명의 최후 목적지를 명백히 밝히고 있습니다. 2014년에 있었던 통합진보당 해산에 관한 헌법재판소의 판결문에서도 명백히 그것에 대해 말하고 있습니다. '대한민국을 주체사상으로 혁명화해서 연방제를 거쳐 최종적으로 하나의 김일성 나라를 만들겠다'는 것이 주사파들의 최종 목표입니다.

이것이 바뀐 적은 없나요?

공산당의 전술은 그때그때 바뀔 수 있지만, 전략은 기본적으로 안 바뀝니다. 어떤 전략 단계가 끝나야 바뀝니다. 남한에서 진행되는 민족해방인민민주주의 혁명을 통해서 달성할 정부 공산혁명 정권을 '자주적 민주 정부'라고 부릅니다. 자주적 민주 정부는 남한혁명을 통해 이룩한 남쪽 주사파 정권을 말합니다. 남한혁명을 통해 수립된 주사파 정권이 북한과 고려연방제를 통해 통일하고, 최종적으로 북한과 하나의 공산사회를 건설하겠다는 것이 남한혁명 전략인데 이 과정은 현재까지 바뀐 적이 없습니다. 북한의 대남혁명론은 2단계 혁명 전략입니다. 남쪽에서 먼저 주사파들이 주축이 되어 미국을 몰아내고, 이 혁명정부와 북한이 고려연방제 통일을 한 다음, 최종적으로 북한처럼 모든 사유재산을 없애는 공산주의로 가겠다는 것입니다. 1단계 혁명에서는 사유재산을 모두 몰수하지는 않습니다. 만일 처음부터 사유재산 몰수를 전면으로 내걸 경우 사유재산을 가지고 있는 남한 자

산가들의 저항을 의식한 전략입니다. 처음에는 재벌들의 재산을 몰수합니다. 그러나 최종적으로는 남한에 있는 모든 사유재산을 몰수하는 공산주의로 가는 것입니다. 이런 남한혁명은 현재 진행 중입니다. 이와 같은 주사파의 전략은 통합진보당 해산 심판 사건에 대한 헌법재판소의 판결문에 그대로 나와 있습니다.

1990년대 러시아가 붕괴되면서 많은 분들이 전향을 하였지요?
당시 학생운동 내에서는 마르크스-레닌주의를 따르는, 예를 들면 소련을 따르는 공산주의자들이 상당수 있었습니다. 이들은 'PD'그룹이라고도 부릅니다. 이렇게 부르게 된 것은 이들이 주장했던 혁명론을 'PDR(People's Democracy Revolution)'이라고 했습니다. 이들은 '곧바로 대한민국에 공산당 공산주의 사회를 건설하는 혁명을 하자'는 그룹입니다. 이들은 1단계 혁명론자들입니다. 이들과 다른 혁명론을 가진 학생운동 내 일부의 그룹은 북한의 혁명론을 수입한 'NL'입니다. 'NL'은 지금 당장 공산당사회로 가기는 어렵다고 보았습니다. 자본주의에서 자신들의 재산을 가진 대중들이 사유재산을 없애는 혁명에 쉽게 동의를 하지 않을 것이기 때문이라는 것입니다. 이들은 우선 미 제국주의를 몰아내는 민족혁명을 하고, 그 다음에 공산주의 혁명을 하자는 전략이었습니다. 그것을 'NL'이라고 합니다. 그러니까 이들은 민족해방운동이 먼저라고 주장하는 그룹입니다. 소련을 추종하던 정통 마르크스 레닌주의자들은 공산주의 본국인 소련이 무너져 굉장한 타격을 받았습니다. 그래서 그들의 상당수는 조직을 해산했고, 활동가 거의 대부분이 자기 생계를 위한 생활로 돌아가 있습니다. 혹은 일부 남아있는 사람들, 예를 들면 조국 같은 사람은 주사파 로 전향했고, 일부는 러시아와 중국식의 폭력혁명을 포기하고 유럽식 사회민주주의로 갔습니다. 한국 학생운동이 극심한 혼란에 빠진 시기였습니다. 그러나 주사파 NL주의자들은 아직 모국 북한이 살아있기 때문에 건재했습니다. NL주의자들은 소련과 동구의 몰락에 대해 '소련은 내부의 모순 때문에 무너졌지만 북한식 사회주의는 영원할 것이다' 하는 생각을 가졌습니다. 북한에는 '수령이 존재하고, 그 수령의 지도하에 인민이 탄탄히 뭉쳐있는 북한식 사회주의는 여전히 건재하며, 우리식 사회주의 국가 북한이 있는 한 우리는 그들과 더불어 투쟁할 것이다'라고 생각했습니다. 소련 붕괴 후 마르크스-레닌주의자들은 상당수가 무너졌지만, 주사파들은 무너지지 않았습니다.

한국에서 미군 철수를 하는 것은 전략과 상당한 연관이 있는 것인가요?
마르크스-레닌주의 말고 북한이 정식화한 민족해방 인민민주 혁명론에 따르면, 남한혁명의 최종적 목표는 아까 이야기했지만 남한에서 혁명을 벌이고, 북한과 연방하는 것입니다. 주사파들의 남한혁명의 최대 장애물은 미군입니다. 남한에 미군을 그대로 두고는 혁명이 성공할 수 없습니다. '작전계획 5027'에 따르면 미군을 포함한 한미연합군은 만약에 한반도에서 전쟁이 벌어지면 미국 본토에서 지상군 69만 명, 항공기 2,000대, 항공모함 포함 함정 약 200대가 한국 방위를 위해 한국으로 전개합니다. 한국으로 증원 전개된 미군은 한국군과 연합해 북한으로 진격하도록 되어 있습니다. 북한 입장에서 남한혁명의 가장 큰 걸림돌은 미군입니다. 그래서 남한혁명론은 모든 투쟁의 초점을 미국으로 맞추라고 지시하는 것입니다. 북한의 대남혁명론에 3대 투쟁 과제가 나옵니다. 주한미군 철수 투쟁 등 반미투쟁인 반미자주화투쟁, 국가보안법 철폐 투쟁 등을 말하는 반파쇼 민주화 투쟁과 연방제 통일을 말하는 조국통일 투쟁 등이 그것입니다. 그중 핵심은 반미투쟁이라고 이야기합니다. '모든 투쟁을 반미투쟁으로 맞추어라', '한국 민중과 미국과의 관계를 이간시켜 관계를 악화시켜라' 그것이 주사파들의 전략입니다. 그래서 2002년 발생한 '미선이 효순이 사건' 때 주사파들은 교통사고를 반미투쟁으로 초점을 맞췄습니다. 그리고 그 주장은 상당히 성공했습니다. 주사파들이 보기에 남한혁명을 위해서는 주한미군 철수가 최우선 과제입니다. 주한미군을 한반도에 그대로 두고는 남한에 공산주의 혁명이 불가능하기 때문입니다.

미군은 1945년 9월에 일본의 무장을 해제하기 위해서 한반도에 들어왔지요?

예.

대한민국이 건국된 1948년의 다음 해인 1949년 6월에 미군이 자진해서 철수하였지요?

예.

그리고 1949년 6월에 철수했던 미군은 1950년 6.25 전쟁이 일어나자 유엔군과 함께 남한을 도와주기 위해서 다시 들어온 것이지요?
예.

그런데 주사파들의 역사관에서는 1945년 9월에 들어온 미군 때문에 남한이 분단되었다고 얘기하고 있는 것 같은데, 그렇게 말하는 이유는 무엇인가요?
수정주의 사관 때문입니다. 북한이 자신들의 침략을 정당화하기 위해서 만들어낸 거짓 역사관을 주사파들과 좌파들이 그대로 수용한 것입니다. 소련이 무너지고 스탈린 기밀문서가 해제됐습니다. 1991년도 일본 마이니치신문에서 당시 북한을 사실상 점령해서 통치하던 소련 스탈린의 지시와 관련된 문건을 입수해 그것을 단독 보도했습니다. 보도에 따르면 해방된 지 얼마되지 않은 1945년 9월 20일 자로 스탈린은 소련 극동군 사령관에게 38선 이북에 단독정부를 구성하라고 지시합니다. 미국은 분단과 상관이 없습니다. 1945년 8월 15일 일제로부터 해방 당시 소련은 8월 10일쯤에 벌써 원산까지 들어와 있었습니다. 그러나 미국은 당시 한반도에서 수천km 밖에 있는 오키나와에서 일본 주력군과 전쟁하고 있었습니다. 한반도에 진주할 여력이 없었습니다. 그런데 일본이 패망하니까 일본군 해체를 위한 연합군의 활동 경계를 만들 필요를 느낍니다. 그래서 한반도에 연합군이 어떻게 진주할 것인가 고민해서 연합군의 군사 활동 경계선으로 미국이 38선을 제안한 것입니다. 그것을 소련이 즉각 받아들였습니다. 미국도 소련의 즉각적인 수용에 상당히 놀랐던 것 같습니다. 당시 소련은 마음만 먹으면 한반도 전역을 곧바로 점령할 수 있는 유리한 위치에 있었습니다. 소련이 미국의 이 제안을 수용하지 않았다면 한반도 전역은 소련이 점령하여 북한처럼 공산주의 나라가 되었을 것입니다. 소련이 왜 한반도에 대한 분할 진주를 허용했는가에 대해 여러 학설들이 있었습니다. 그중에서 가장 유력한 해석은 소련이 미국과 제2차 세계대전 후 전후 처리를 위한 협상용으로 한반도의 분할 점령을 수용했다는 것입니다. 소련은 한반도에서 38선을 받아들이는 대신 만주와 일본의 북해도와, 지중해 연안 일부의 할양을 원했다는 것이 정설입니다. 그러나 1945년도 9월 초 미국, 영국, 소련이 3국이 전후 처리를 위한 외상 회담을 런던에서 벌입니다. 이 런던 외상 회담에서 소련은 구체적으로 만주와 일본 북해도, 지중해 연안 등을 요구하게 됩니다. 그런데 소련의 이러한 요구는 미국에 의해 거절됩니다. 그 거절된 직후가 9월 20일자입니다. 그 시점에 스탈린은 한반도 38선 이북에 공산주의 단독정부를 구성하라고 지시합니다. 스탈린의 비밀 지시 이후 북한에서는 김일성 등 공산당이 주도하는 실질적 정부가 구성됩니다. 따라서 한반도 분단의 원흉은 소련입니다. 그것이 역사적 사실입니다. 미국은 소련과 미소공동위원회가 무산되고서야 유엔을 통해 한반도에 합법적 정부가 들어서는 것을 수용했습니다. 해방 직후 스탈린의 단독정부 수립 지시, 이것이 분단의 원인입니다.

최근 중국에서 '6.25 전쟁을 항미원조 전쟁이다'라고 표현하고, 통상 북한에서 남한을 침공했다는 북침으로 알고 있는데, 육군사관학교 신입생도에게 설문을 해 보면 30%는 거꾸로 '남한에서 북한을 침공했다'고 알고 있습니다. 6.25 전쟁은 미군과 어떤 관계가 있나요?

6.25 전쟁 당시와 직후에는 전쟁을 목격한 사람들이 많았기 때문에 북침설 같은 북한의 거짓 주장은 설득력이 없었습니다. 그러나 북한이 동족전쟁의 책임을 벗어나기 위해 거짓 사실을 강변하였습니다. 북한의 거짓 주장은 1970년대 미국 학계에서 받아들여집니다. 미국이 1968년 좌파들이 주축이 된 6.8 혁명의 여파로 미국 사회가 좌편향된 것과 연관이 있습니다. 북한의 수정주의 사관을 수용한 대표적인 학자가 미국의 브루스 커밍스 같은 사람입니다. 그는 '한국전쟁의 기원'이라는 책에서 6.25 전쟁은 북한의 계획적 침략으로 시작된 전쟁이 아니라고 주장했습니다. 그는 6.25 전쟁이 남과 북이 38선 근처에서 벌이던 작은 전쟁이 내전으로 확대된 것이라고 주장했습니다. 그러나 6.25 전쟁 관련 기록이 소련에 남아있었습니다. 스탈린 기밀문서가 해제되면서 북한이 주장하는 북침설은 조작이라는 것이 명백히 밝혀졌습니다. 브루스 커밍스 수정주의 사관에 입각한 내전론은 있지도 않은 사실을 주장한 것이라며 학계에서 '브루스 커밍스와 그의 아이들'이라고 조롱당했습니다. 스탈린의 기록에 따르면 김일성은 스탈린에게 남침을 허용해달라고 여러 차례 건의했습니다. 처음에 반대한 스탈린은 김일성의 세 번째 건의에서 조건을 답니다. 당시 1949년도에 중공이 설립됐으니까 모택동의 전쟁 참가 승낙을 얻으면 한반도에서 전쟁을 허락한다고 했습니다. 이에 김일성은 즉시 중국의 모택동에게 가서 북한의 남침 시 참가를 요청합니다. 모택동은 북한에 진 빚이 있었습니다. 1945년부터 모택동 군이 장개석의 국민당 군 패배에 직면해 있을 때 북한에서 전열을 정비하여 다시

국민당 군과 전쟁을 벌였습니다. 모택동은 북한이 남침할 경우 협력할 것을 약속했습니다. 김일성은 모택동이 약속한 내용을 스탈린에게 보고했습니다. 당시 스탈린과 김일성이 전쟁과 관련해 주고받은 전문들은 스탈린 기밀문건에서 발견되었습니다. 따라서 6.25 전쟁이 김일성과 스탈린, 모택동의 사전 모의에 의한 남침이었다는 것은 이미 명백한 사실이라고 확인되었습니다. 제가 과거 주사파 학생운동을 할 때 6.25 전쟁에 대해 배웠던 것이 수정주의 사관이었습니다. 그러나 이런 수정주의 사관이 모두 사실이 아닌 것으로 밝혀진 것입니다. 수정주의 사관과 논쟁은 이미 학계에서 사라진 지 오래입니다. 북한의 주장이 모두 거짓으로 밝혀졌기 때문입니다.

주사파들이 낮은 단계 연방제, 종전선언을 주장하고 있는 이유는 무엇인가요?
공산당은 처음부터 자기가 공산당이라고 이야기하지 않습니다. 혁명론에 따르면 혁명 단계를 준비기와 결정적 시기로 나눕니다. 혁명의 준비기에 공산당은 자신의 정체를 감춥니다. 조직도 본 모습을 보이지 않습니다. 혁명에 반대하는 정권의 공격으로부터 공산당을 보호하기 위함입니다. 이후 혁명이 결정적 시기에 이르렀다고 판단하면 공산당은 자신들의 정체를 드러냅니다. 지하에 있던 공산당 조직들도 수면 위로 올라와 활동합니다. 일례로 러시아 혁명에서 레닌이 혁명을 준비하던 시기에는 외국에서 '이스크라' 등의 문건 등을 가지고 러시아 공산당을 지도했습니다. 이후 레닌은 1905년 러시아 1차 혁명이 일어나면서 직접 러시아에 들어와 선두에서 혁명을 이끕니다. 그리고 그때 레닌은 볼셰비키 공산당의 실체를 드러냅니다. 공산당 당원들이 자신의 존재를 드러내는 것은 결정적 시기이고, 그전까지는 항상 자신의 존재를 숨깁니다. 지금도 마찬가지지만 당장 북한과 고려연방제로 가자고 하면 대한민국 국민 중 누가 동의하겠습니까, 그래서 연방제 말고 뭔가 낮은 단계, 예를 들면 김대중 대통령이 주장했던 국가 연합제와 내용은 다르지만 외형상 비슷한 것을 주장하게 된 것이 낮은 단계 연방제입니다. 그리고 남과 북이 연방제로 가는 전제 조건이 종전선언입니다.

연방제와 종전선언은 어떤 관계가 있나요?
공산당의 주장은 뒤에 여러 가지 의미들을 내포하고 있기 때문에 유심히 봐야 됩니다. 종전선언을 하게 되면 평화협정이 곧바로 제기됩니다. 평화협정을 위해서 지금 북한이 계속 주장하는 것은 '북한은 외국 군대가 없는데, 왜 대한민국은 외국 군대가 있느냐'라고 주장합니다. 그래서 곧바로 주한미군 철수를 주장으로 나아가게 됩니다. 종전선언은 평화협정 체결로, 평화협정 체결을 위해서는 주한미군을 철수시켜야 한다는 주장으로 이어지게 됩니다. 종전선언의 주장은 결국 주한미군 철수 주장의 전 단계인 것입니다.

문재인 정부의 정책 기조가 미국, 일본, 유럽 국가들과 함께하는 자유해양 동맹으로부터 벗어나 중국, 북한, 러시아와 함께 대륙공산 동맹으로 가려고 하는 이유는 무엇인가요?

모든 공산주의자나 혹은 공산주의 사상을 가지고 있는 사람은 결정적 시기가 오기 전까지 자기 뜻을 구체적으로 밝히지 않습니다. 보통 우리가 어떤 사람의 사상을 알기 위해서는 그 사람들의 행동이나 여러 가지 말에서 그 근거를 찾을 수 있을 것입니다. 공산당의 정책을 지지한다거나, 공산당 지도자들을 존경한다거나, 혹은 북한이 주장하는 정책과 내용들을 실제로 수행하고 있다면 우리도 그 사람을 적어도 종북주의자, 혹은 공산주의자로 볼 수 있다고 생각합니다.

저는 문재인 대통령을 포함해서 정부 내에 있는 과거 전대협 출신 관계자들이 종전선언을 주장하는 것이 북한의 주장과 일치한다고 생각합니다. 그래서 우리는 그들에게 여전히 종북주의자 혹은 주사파의 사상을 가지고 있다는 합리적 의심을 할 수 밖에 없습니다. 왜냐하면 그들이 과거에 북한을 추종하는 주사파 활동을 했던 사람들이기 때문입니다. 문재인 대통령도 제가 알기로는 경희대에서 학생운동을 했었습니다. 1980년 5월에 비상계엄확대 조치 시 서울역 시위의 주동자로 경찰의 추적을 피해 몇 달간 도피 생활을 한 것으로 알고 있습니다. 문재인 대통령을 자기 집에 숨겨준 강 모 박사라는 사람도 제가 잘 알고 있습니다. 사람들의 사상과 지향점은 그들이 하는 말과 행동에 포함된 내용 등을 통해 드러납니다. 그리고 우리는 그런 내용들을 통해 그 사람의 사상과 지향점을 알게 되는 것입니다. 인간의 뇌나 사상의 지향은 잘 안 바뀝니다. 저도 스스로가 가진 사상이 틀렸다는 것을 느낀 후 약 10년의 오랜 기간 동안 치열한 사상 재검토의 과정을 거쳤습니다. 거의 3년을 국립중앙도서관에 아침, 저녁으로 출퇴

근하면서 철학, 역사를 다시 보면서 비로소 내가 틀렸다고 고백할 수 있었습니다. 생각은 그렇게 쉽게 바뀌지 않습니다. 물론 주사파 출신들도 현실에 살고 있기 때문에 북한의 여러 모순점을 보고 알고 있을 가능성이 있습니다. 그러나 그들의 지향과 가치는 쉽게 바뀌지 않고 남아있을 가능성이 있다고 생각합니다.

과거 주사파들이 가지고 있는 지향과 가치 중 가장 큰 것은 자본주의에 대한 증오심입니다. 그들이 학생운동 시절에 가졌던 가장 큰 생각은 자유시장경제, 즉 자본주의는 민중을 착취하는 잘못된 제도라는 것입니다. 그들이 배운 것은 '자본주의는 자본가가 노동자를 착취하는 세상이다.' 그래서 없애자는 것입니다. 그리고 자본가가 민중을 착취하는 가장 대표적인 나라를 미국으로 봅니다. 미국을 정치적, 경제적으로 대한민국을 착취하는 식민지 통치의 종주국이라는 인식을 가지고 있었습니다. 그래서 이석기 등 통합진보당에 속해있던 이런 주사파들은 미국과 미국이 중심이 되는 자본주의 국가들의 연합에 대해 반대하는 것입니다. 핵심은 자본주의를 이끄는 미국에 대한 반대입니다. 다음으로 주사파들이 가지고 있는 지향과 가치는 자본주의 대안으로 생각하는 공산주의 나라에 대한 동경심입니다. 저는 문재인 정부에서 활동하는 전대협 출신들에게서 그들이 자유민주주의 국가 간의 동맹인 자유해양 동맹에서 벗어나 대륙공산주의 동맹으로 가고자 하는 정책을 볼 때, 그들이 과거 가졌던 사상의 영향이 아직도 남아있다고 생각합니다. 구체적 내용은 확인이 필요하지만 이들이 여전히 미국 중심에서 벗어나 적어도 중국 중심으로, 더 나아가 친북으로 가고 있다는 의심을 할 수 밖에 없습니다.

증인은 문재인 대통령이 평창 동계올림픽에서 1968년 통혁당 사건으로 구속되었던 통혁당의 수괴이고, 간첩왕인 신영복을 가장 존경하는 한국의 사상가라고 펜스 미국 부통령, 아베 신조 일본 수상이 있는 자리에서 연설하였는데, 이것을 들은 적이 있나요?
예, 들었습니다. 저는 깜짝 놀랐습니다. 대한민국의 대통령이, 그리고 대한민국 헌법에 충성을 맹세한 사람이 문재인 대통령입니다. 대한민국 헌법을 수호할 제1차적 책임이 대통령의 가장 중요한 책무입니다. 그런데 헌법 수호의 최종 책임을 가진 대통령이 대한민국을 전복하려고 했던 간첩 출신 신영복을 존경한다고 해서 저도 깜짝 놀랐습니다. 이것은 과거 신영복의 간첩 활동을 알지 못한 무지에서 나온 발언이라고 해도 신영복의 사상을 존경한다면 신영복이 추구했던 주체사상과 그가 했던 대한민국의 전복 전략을 지지한다고 볼 수밖에 없습니다.

신영복은 1998년 '말'지와 인터뷰에서 자신은 아직 통혁당 때 가졌던 사상을 버리지 않았다고 말한 적이 있습니다. 문재인 대통령이 신영복의 간첩 활동과 이와 관련된 사실을 몰랐을까요? 저는 깜짝 놀랐습니다. 간첩 신영복을 존경한다는 말은 대통령이 할 수 있는 발언이 아닙니다.

이것에 대해서 피고인인 상당히 충격을 받고, 이것을 강연할 때마다 '어떻게 이렇게 할 수 있느냐' 이렇게 발언하는 것을 많이 들었지요?

저는 전광훈 목사님이 문재인 대통령이 신영복을 존경하는 사상가라고 하는 발언하는 영상을 캡쳐해서 공개했을 때 정말 깜짝 놀랐습니다. 저도 신영복 발언 영상을 공개하는 자리에 있었습니다. 저는 전광훈 목사님이 발언은 대한민국을 걱정하는 애국자라면 누구나 할 수 있는 발언이라고 생각합니다.

변호인 김태훈
증인에게

아까 문재인 대통령이 무지해 그랬을 수도 있다는 뉘앙스의⋯.

무지의 소산이거나, 신영복에 대해서 모르면 무지죠. 그런데 그 사람을 존경하는 사람이 무지할 수 있습니까.

아까 말씀이 문재인 대통령이 피신할 때 보호해 줬다는 사람이 있었지요?

예, 같은 경희대학교 출신입니다.

문재인이 그때 당시에 이쪽에 대해서 상당히 많이 알고 있었다는 취지이지요?

예, 저는 그 사람하고 친한데, 두 달 정도 그 사람 집에 도망가 있었고 당시에 사귀던 사람이 찾아왔다는 것도 알고 있습니다.

그러면 무지의 소산이라는 것은⋯.

무지가 아닙니다. 당시 그 사람들의 증언에 따르면 이미 경희대 핵심 운동권입니다. 그리고 운동권들은 누가 운동권인지 압니다. 운동권은 공산주의 운동사에 대해서 모두 학습합니다. 신영복에 대해서 잘 알고 있기 때문에 존경한다고 했을 것입니다.

변호인 이성희
증인에게

문재인 대통령이 신영복을 존경한다는 것은, 경희대 다닐 때 학생운동을 같이했고 피신할 때 도와줬던 사람들의 여러 가지 증언들을 통하면, 계속 공산주의자와 활동을 같이 했다고 볼 수 있나요?

문재인 대통령이 경희대 시절 공산주의자로 활동했다는 것을 분명히 알 수는 없습니다. 그 문제는 따져봐야 됩니다. 당시 문재인 대통령이 활동할 당시에만 해도 학생운동권 내에 공산주의 혹은 주체사상 등이 일반화된 것은 아닙니다. 1968년도에 통혁당이 무너지고 난 다음에 사실상 주체사상의 맥이 단절됐습니다. 주체사상이 한국의 학생운동이 다시 등장한 것은 1984년도니까, 그래서 그 이전 운동권들은 주사파에 대해서 잘 모릅니다. 그러다가 그 후에 한국 학생운동을 주사파가 장악하면서 거의 대부분 주체사상을 접하게 됩니다. 물론 개인적으로 몰래 주체사상을 봤을 수 있겠지만 당시 학생운동 출신들에게 곧바로 공산주의자 혹은 주사파라고 단정하기는 어렵습니다. 그러나 문재인 대통령도 운동권 출신이었기 때문에 통혁당과 신영복에 대한 정보를 접했으리라고 추론할 수 있습니다.

문재인 대통령은 그 후에도 국가행사 연설에서 대한민국

을 부정하고, 1948년 8.15건국을 부정한 사실을 알고 있지요?
예, 알고 있습니다. 저는 이렇게 생각합니다. 왜 1948년 건국이 아니라 1919년 건국을 주장했느냐, 물론 북한이 받아들이지 않았습니다. 상해임시정부에는 세 가지의 사상 그룹이 있었습니다. 하나는 이승만을 비롯한 자유민주정을 지지하는 그룹이 있었고, 이동휘를 비롯한 공산당을 지지하는 그룹과 무정부주의자들이 있었습니다. 러시아 혁명이 1917년도니까 한국의 공산당 운동사를 보면 1921년도부터 한반도에서 이미 공산당이 지하활동을 시작합니다. 그러니까 사실상 1919년 이후에 임시정부 안에서 자유민주정을 지지하는 그룹과 공산주의를 지지하는 그룹과 김원봉을 비롯한 무정부주의자들이 있었던 것입니다. 이런 세 가지 그룹이 연합해서 만든 것이 상해임시정부입니다. 만약에 1919년도 건국설을 지지하게 되면 공산당도 대한민국을 건국한 사람이 됩니다. 상해임시정부에 공산주의자들도 있기 때문입니다. 저는 이렇게 생각합니다. 1948년도 대한민국 건국을 지지하지 않고, 1919년도 대한민국 건국을 지지한다면 그것은 공산당도 대한민국을 건국한 사람이라는 것에 대한 정당성을 부여하기 위한 작업이라는 것입니다. 저는 그렇게 생각하기 때문에 1919년 건국설은 대한민국 헌법에 맞지 않는 매우 위험한 발상이라고 생각합니다.

문재인 대통령이 서독의 간첩 윤이상 묘지에 부인을 보내 참배하고, 지금은 그 묘지를 통영으로 이전하여 단장한 사실을 알고 있지요?
예, 윤이상이라는 사람은 제가 알기로는 '동백림 사건'에 관련되어 있습니다. 동백림 사건이 발생한 시기는 1967년입니다. 동백림 사건에서 윤이상이라는 분은 나중에 재심을 받아서 간첩죄 혐의는 벗은 것으로 알고 있습니다. 그러나 윤이상이라는 사람이 당시 북한의 공작원들과 접촉했고, 실제로 많은 사람들을 포섭해서 북한에 보내는 등의 활동들은 재판을 통해 이미 사실인 것으로 확인된 사람입니다. 1967년 동백림 사건이 뭐냐면 유럽에 있던 공산주의 사상에 심취했던 윤이상 등 지식인 그룹들이 공산주의 본국인 북한을 동경해서 북한에서 파견한 공작원들과 접촉하고, 유럽에 나와 있던 일단의 사람들을 설득해서 북한으로 보내기도 하고, 공산주의를 지지하는 활동을 한 것을 한국 중앙정보부가 적발한 사건입니다. 오랜 시일이 지나 당시 중앙정보부가 사건을 수사하는 과정에 사건 관련자들에 대하여 고문이나 강압이 있었던 것으로 밝혀졌습니다. 재심 과정에서 사건 관련자의 당시 진술이 고문에 의한 자백으로 진술의 신빙성이 부정된 것은 알고 있습니다. 명백한 것은 윤이상이라는 분의 발언이나 활동들은 사실상 대한민국 편이라기보다는 북한의 편에서 북한을 옹호하는 활동을 했던 사실입니다. 그러면 문재인 대통령이 이 사람을 존경하거나 추모한다면 그 사람의 사상을 의심 할 수밖에 없는 것입니다. 제가 앞에서도 말했지만, 공산주의자들이 자기가 '내가 공산주의다'라고 밝히지 않는 한 그가 공산주의자인지 분명히 알 수는 없습니다. 그러나 그가 누구를 존경하고, 어떤 정책을 지지하고, 어떤 것을 따르고 있냐를 보면 그 사람의 사상을 알 수 있는 것입니다. 문재인 대통령이 지속적으로 신영복을 존경하고, 또 윤이상이라는 사람의 묘소에 영부인을 보내고, 또 본인이 존경한다고 하는 것은 자신의 사상을 나타내는 것입니다. 저는 전광훈 목사 주장대로 문재인 대통령의 사상을 의심할 수밖에 없다고 생각합니다. 그리고 그것은 매우 합리적이라고 생각합니다.

문재인 대통령은 작년 6.25 기념식 연설에서 6.25 전사자들 앞에서 6.25의 3대 전범인 김원봉을 국군창설 유공자라고 얘기하였고, 유공자 추서의 의지까지 피력하였는데, 김원봉이 실제로 국군 창설자가 맞나요?
김원봉은 1919년도에 신흥무관학교에 들어가서 1919년도에 의열단을 조직하여 일제에 대항하는 무장투쟁을 벌였습니다. 1938년도에 김원봉은 그가 조직했던 조선의용대 일부를 끌고 한국광복군에 합류해서 임시정부 군무총장으로 활동했습니다. 아마 광복군은 대한민국 국군의 전신이라고 생각하기 때문에 김원봉을 국군창설의 유공자라는 주장을 한 것으로 생각합니다. 광복군이 대한민국 국군창설과 관련이 있는가에 대한 문제는 별도로 하더라도, 김원봉은 1948년도에 월북했습니다. 대한민국 정부 수립을 반대하고 월북해서 곧바로 북한에서 국가검열상이라는 장관급 직책에 있던 사람입니다. 김원봉은 6.25 전쟁 중인 1952년도에는 노동상을 했습니다. 그는 6.25 전쟁을 벌였던 북한의 장관급 최고 책임자입니다. 그런 사람을 대한민국 국군 건국의 공로가 있다고 주장하는 것은 대한민국을 부정하는 것입니다.

문재인 대통령은 올해 4월 3일 연설 과정에서 남로당 박헌영과 관련 있는

제주 4.3 폭동에 대해서 '먼저 꿈을 꾸었던 자들이다'라고 하였고, '그들에게 국가가 보상을 해야 한다'고 말한 사실이 있는데, 4.3 사태가 어떻게 발생했고, 그들이 꿈꿨던 내용이 무엇인가요?

제주 4.3 사건에 대한 주사파와 좌파들의 입장은 저희들이 대학 다닐 때 배웠던 좌파역사 교육에서는 물론 북한의 '현대 조선 역사'라는 책의 내용과 맥락이 똑같습니다. 그들은 4.3 사건을 구국의 영웅적 투쟁이라고 이야기합니다. 그러나 당시 4.3 사건에 대한 기록들이 있습니다. 제주 4.3 사건에서 희생된, 예를 들면 좌파에 의해서 희생되거나, 우파에 희생된 분들, 즉 제주 4.3 사건의 희생자들은 좌우의 격렬한 이념 대립과 무장투쟁의 과정에서 희생된 사람들이기 때문에 저는 그들을 추모하는 것에 반대하지 않습니다. 추모해도 된다고 생각합니다. 그러나 이것과 별개로 사실 자체는 바꿀 수 없습니다. 제주 4.3 사건 당시 제주도민들에게 뿌려졌던 남로당 제주지부에서 발행한 선언문들이 있습니다. 그 기록들이 다 있습니다. 거기에 '조선민주주의 인민공화국 만세, 유엔에 의한 단독정부 수립 반대, 5.10총선거 반대'라는 명확한 구호가 있습니다. 그들은 선언문에서 자신들은 공산주의 나라인 조선인민공화국을 지지, 지향한다고 밝혔습니다. 제주 4.3 사건을 주동했던 남로당이 꿈꾸었던 나라는 조선민주주의인민공화국 공산전체주의입니다. 그들이 꾸었던 꿈은 명백하게 인민공화국입니다. 인민공화국은 민주주의가 전체주의와 결합한 형태고, 경제적으로 공산주의를 지향하는 체제입니다. 대한민국은 사적 자치의 주체인 개인이 주인인 자유인들의 공화국이고, 경제적으로는 자유시장 경제를 지향하는 나라입니다.

인민공화국과는 완전히 다릅니다. 꿈도 다르고, 실제 형태도 다릅니다. 그런데 이들이 먼저 꾸었던 꿈을 지지한다면 문재인 대통령은 도대체 어떤 꿈을 지지하고 있다는 말입니까. 문재인 대통령이 지지하는 이들의 꿈은 무엇입니까? 문재인 대통령은 구체적으로 밝혀야 할 것입니다. 제주 4.3 사건의 주동자 남로당원들이 만약에 인민공화국을 꿈꿨다면 그것은 맞는 얘기입니다. 그러나 만약에 자유민주주의 공화국의 꿈이라면 그것은 틀린 얘기입니다. 제주 4.3 사건 당사자들이 꾸었던 꿈은 공산 인민공화국입니다.

지난 8.15 행사에서도 문재인 정부와 고위관료들이 애국가를 폄하하고 '애국가를 바꿔야 한다'는 발언을 계속하고 있는데, 이것도 기존의 내용과 관련이 있는가요?

과거 봉건제, 군주제에는 왕이라는 상징물이 있었습니다. '왕'이라는 상징물은 하나는 왕권을 상징하고, 하나는 주권을 상징하고 그 나라의 상징이 됩니다. 그러나 민주정에서는 그 상징물이 없어집니다. 그래서 상징물을 대체하는 것이 애국가, 국가 이런 것들입니다. 대한민국 애국가는 대한민국 자유민주주의공화국의 상징물이고, 그것을 나타내는 것입니다. 그런데 이것을 부정하는 것은 말이 안 된다고 생각합니다.

문재인 대통령은 북한 방문 시 '대한민국'이라고 국호를 얘기하지 않고 '남쪽 정부'라고 표현하였는데, 이 표현은 어떻게 보나요?

문재인 대통령의 표현을 이렇게 생각한다면 저는 이해가 됩니다. 과거 학생운동 당시 주사파인 저희들은 우리의 지도선이 북한이라고 인정했습니다. '북한 조선노동당이 우리를 지도하고, 그리고 우리의 실질적인 지도선은 조선노동당 대남혁명부서인 한국민족민주전선이다. 그러니까 한국 민족민주전선이 우리의 지도선이다'라고 우리는 인정하고 있었던 것입니다. 주사파 지하조직 반미청년회 지도자였던 조혁이라는 친구가 나중에 1988년 1월 1일 신년서신을 주사파 조직원들인 반미청년회 회원들에게 보냅니다. 그 기록이 아직도 있습니다. 조혁은 신년서신에서 '우리는 한민전이 지령한 것을 성실히 수행하지 못했다'라는 자기비판서가 나옵니다. 반미청년회 의장이었던 조혁이, 당시 이름은 '조국'이라는 말을 썼었습니다. 거기에 보면 반미청년회가 지도했던 남한의 학생운동 특히 전대협은 한국 민족민주전선의 지령, 다시 말하면 한민전이 상부 지도선이라고 조혁은 밝히고 있는 것입니다. 당시 주사파들은 기본적으로 북한이 상부선이고, 조선노동당의 지도를 받는 존재들이기 때문에, 만일 그들이 그런 생각을 가지고 북한에 갔다면 제가 생각하기에 주사파 지도부들은 북조선 노동당 지도부에게 한없이 낮아져야 된다고 생각합니다. 그러나 대한민국 대통령은 다릅니다. 우리 헌법은 대한민국의 영토를 한반도와 그 부속 도서로 명시하고 있습니다. 대한민국 대통령은 한반도와 그 부속 도서를 지배하는 권한을 위임받은 사람입니다. 한반도에는 북한도 포함됩니다. 북한도 헌법상 대통령의 통치를 받는 지역에 속합니다. 그것이 헌법이 말하는 대한민국 대통령입니다. 그러면 문재인 대통령은 '대한민국 대통령'이라고 이야기해야 합니다. 문재인 대통령이 북한에서 자신을 '남쪽 대통령'이라고 이야기한 것은, 저는 북한노동당 지도부에 주눅이 들어있는 전대협 등 주사파 출신들의 영향이라고 생각합니다. 그리고 주사파들은 기본적으로 종북적입니다. 북한에 대해서는 굴종적입니다.

문재인 정부가 국민을 속이는 과정에서 '북한의 핵무기는 남한을 목표로 하는 것이 아니고 미국을 목표로 한다'고 주장해 왔는데, 볼튼 회고록에 의하면 그것과 반대로 '남한을 공산화하는 데 목적이 있다'고 이야기합니다, 여기에 대해서 증인은 어떻게 평가하나요?
북한 공식 선전물 포스터에 핵무기를 그려놓고 '우리의 목표는 명확하다'라고 쓰고, 핵무기의 목표 가운데 서울이 있고, 왼쪽에 워싱턴, 오른쪽에 도쿄가 있습니다. 북한 정부의 공식 선전물에 있는 내용입니다. 저는 이렇게 생각합니다. 만약에 북한 핵이 미국용이라면 북한의 핵무기는 발사되어 미국으로 향하는 도중에 격파당할 확률이 높습니다. 그리고 북한이 핵을 미국을 향해 발사하자마자 대대적인 미국의 반격에 직면할 것입니다. 미국의 반격에 북한은 멸망할 위험에 직면할 것입니다. 이런 극단적인 선택을 북한이 하기는 어렵습니다. 현재까지 북한 핵은 미국에 직접적인 위협은 아닙니다. 그러나 대한민국은 다릅니다. 북한의 핵은 발사 몇 분 안에 수도 서울에 떨어집니다. 북한의 핵 공격과 이를 틈 탄 부분 공격을 시도할 가능성을 가정할 수 있습니다. 만약에 서울에 북한 핵이 떨어져서 수백만 명이 죽는 사태가 벌어지면 대혼란이 일어날 것입니다. 그 혼란을 틈타 북한군이 대한민국에 진격하고, 그리고 대한민국에 암약하고 있는 간첩들과 주사파들이 동조하여 서울을 북한군이 점령합니다. 서울 점령 후 북한이 휴전하자고 선언한다면 미국이 과연 SLBM이나 핵무기를 가지고 있는 북한에 핵전쟁을 각오하고 대한민국 서울 회복을 위한 전쟁을 할까, 저는 굉장히 의심스럽습니다. 미국이 북한과 전쟁을 하자는 결심을 하려면 자국 국민 수백만 명의 희생을 각오를 해야 합니다. 프랑스 드골 대통령이 독자적으로 핵무장을 했던 논리가 이것입니다. '우리가 소련으로부터 핵 공격을 당할 때, 당신들이 소련이 발사하는 핵무기에 수천만 명이 죽을 위험을 각오하고 우리 프랑스를 지켜주겠는가'라고 거기에 답변하라고 이야기하면서 프랑스는 핵무장을 했습니다. 그렇게 보면 북한의 핵은 명백하게 대한민국을 위협하는 것입니다. 북한 핵은 미국용이 아니라 대한민국 위협용이라고 저는 그렇게 생각합니다. 그리고 많은 군사 전문가도 그렇게 이야기하고 있습니다.

증인을 포함한 많은 분이 문재인 정부를 주사파 정부로 보는 이유는 무엇인가요?

그것은 문재인 정부의 핵심인물들이 옛날에 김일성을 '위대한 수령'이라고 외쳤던 사람들이며, 특히 비서실장이었던 임종석 씨는 한양대 중심으로 활동했던 주사파 지하조직인 '자민통'의 핵심 조직원이었습니다. 수사 기록에 따르면 자민통의 핵심 조직원들은 매일 아침 '전사의 각오'를 외쳤습니다. 전사의 각오라는 문건에는 '우리는 위대한 수령 김일성 동지와 친애하는 지도자 김정일 장군님의 혁명 전사로서 격렬히 혁명투쟁을 벌이겠다'는 내용이 있습니다. 그게 재판 기록에 남아있습니다. 현재 문재인 정부의 주축들은 그런 주사파 출신들입니다. 그리고 그들이 공개적으로 '나는 주체사상 버렸다'고 이야기하지 않기 때문에 문재인 정부에 그런 닉네임이 붙여졌다고 생각합니다.

문재인 정부 중심에서 일하는 주체사상 교육을 받은 장관, 비서진들이 많이 있는데, 그중에서 전향한 사람이 있나요?

20대 국회에서 자유한국당 전희경 의원이 당시 청와대 비서실장이었던 임종석 씨에게 청와대 국정감사에서 당신은 아직 학생운동 당시의 사상을 가지고 있느냐고 질문했습니다. 그때 임종석 씨는 동문서답했습니다. '자신의 민주화 투쟁을 모욕하지 마라, 그리고 내가 민주화 투쟁을 할 때 당신은 뭐했냐'고 협박조로 물었습니다. 저는 전희경 의원이 조금 더 물었으면 했습니다. '임종석 씨 당신은 어떤 민주화 운동을 했습니까? 자유민주주의를 위한 민주화입니까. 아니면 공산전체주의를 위한 민주화입니까? 구체적으로 답해 주세요'라고 말입니다. 민주화에는 두 가지가 있습니다. 하나는 자유주의와 결합한 자유민주화가 있고, 전체주의와 결합한 공산전체주의 민주화가 있습니다. 민주화(democracy)는 대중의 지배, 그러니까 다수의 지배를 이야기하는 것입니다. 그래서 민주주의는 주의가 아닙니다. 정치체제를 말합니다. 민주정입니다. 민주정에서 다수의 뜻을 모으는 두 가지 방법이 있습니다. 우리처럼 자유민주주의에서는 복수 정당을 통해서, 사람은 서로 다른 사상을 가지고 있기 때문에 다원주의 사상에 기초해서 그 서로 다른 사상이 각각의 사상을 대표하는 복수 정당을 통해 서로 경쟁하게 만들었습니다. 선거에서 승리한 정당은 헌법 테두리 안에서 일정 기간 국민의 의사를 위임받아 지배하라는 것이 자유민주정입니다. 자유민주정에서 복수 정당은 필수적입니다. 다른 한편으로 다수의 뜻을 하나로 모으는 것이 전체주의입니다. 전체주의도 민주주의의 한 방식입니다. 다수의 의사를 모았기 때문입니다. 그래서 북조선도 '조선민주주의인민공화국'이라고 이야기하는 이유가 북한의 민주주의는 민주정이 전체주의와 결합한 인민민주주의이기 때문입니다. 전희경 의원이 어떤 민주주의를 지지하는지 물었어야 합니다.

제가 분명히 증언할 수 있는 것은 저와 같은 주사파는 자유민주주의를 한 번도 생각해 본 적이 없다는 것입니다.

통일부 장관 이인영 장관의 인사청문회, 조국 장관 인사청문회에서 그 문제가 나왔는데 이인영 장관, 조국 장관이 실제로 전향했다고 보는가요?
저는 이인영 장관과 당시 전대협에서 활동을 같이 했습니다. 이인영 장관이 전대협 의장할 때, 전대협을 운영하는 핵심 조직은 서대협이었습니다. 전대협 업무는 서대협이 전부 수행하고 있었습니다. 제가 당시 연세대학교 지하지도부였습니다. 그리고 서대협에는 저희 연세대에서 파견한 간부들이 다수 활동하고 있었습니다. 때문에 제가 서대협 회의에 여러 번 간 적이 있습니다. 아시겠지만 당시 전대협에서는 주체사상을 신봉하는 사람이 아니면 아예 걸러내고, 신봉하는 사람 아니면 의장에 아예 추천될 수 없었습니다. 이인영 씨는 장관 인사청문회에서 자신은 주체사상을 신봉한 적이 없다고 진술했습니다. 그래서 이인영 씨가 거짓말하고 있다고 생각합니다. 이인영 씨는 그가 처음 국회의원이 되었을 당시 한 언론과 인터뷰에서 이 시대의 핵심과제 시대정신은 자주, 민주, 통일이라고 했습니다. 이 자주, 민주, 통일은 북한의 주체혁명론이 주장하는 대남혁명 3대 투쟁 과제에 해당합니다. 이인영 씨는 이 대남 3대 투쟁 과제를 언급한 것입니다. 그러나 당시 이인영 씨가 했던 활동들에 대해서 본인은 부정하고 있습니다. 한 사람의 사상을 파악하려면 그 사람의 말이 아니라 행동인데, 그런데 이인영 씨는 국회의원 활동과정에서 그는 여전히 주사파들이 가졌던 생각대로 움직이는 것을 확인할 수 있습니다. 이인영 씨는 국가보안법 철폐를 주장하고, 미국에 대한 반대의 입장을 표명하는 등 북한의 주장에 동조하는 것을 확인할 수 있습니다. 그의 행동은 분명히 북한의 주장에 동조하는 것이었습니다. 이런 측면에서 볼 때 저는 이인영 씨가 만일 명시적으로 '내가 전향했다'고 말한다고 해도 저는 믿기 어렵습니다. 왜냐하면 행동이 전향의 행동으로 바뀌어야 하기 때문입니다. 자신의 행동을 180도 바뀌는 걸 전향이라고 하는데, 예를 들면 사도바울이 예수 믿는 사람들 탄압하러 가다가 완전히 전향해서 예수를 옹호하고 예수를 위해 죽습니다. 이것이 전향입니다. 만약에 전향을 했다면 자유민주주의를 부정하는 행동에서 벗어나 자유민주주의를 옹호하는 데 자기의 노력을 행동으로 보여야 합니다. 그것이 명백한 증거가 될 것입니다. 그것이 없다면 말로 해도 믿기 어려울 것입니다. 이인영 씨는 그런 말조차 안 하고 있으니까 전향했다고 보기 어렵습니다.

이인영 장관이나 조국 장관이 항상 그 질문이 오면 '대한민국은 사상의 자유가 있다' 이런 얘기를 표현하는 것이 지침이나 교육을 통해서 그렇게 된 것인가요, 아니면 표현하기 그래서 그런 것인가요?
여러 가지가 있는데, 공산주의운동은 1921년도부터면 거의 100년의 역사를 가지고 있습니다. 그동안 숱한 공산주의자들의 활동기록들이 있습니다. 핵심 공산주의자들은 그런 공산주의 운동사나 기록을 통해서 배웁니다. 그리고 법정투쟁 요령을 배웁니다. 한총련 수사기록에 들어가서 보면 '한총련 법정투쟁 요령'이라는 것이 있습니다. 그 문건에는 공산주의자들이 공안 당국에 피검되었을 때 행동하는 요령을 기록한 것입니다. 최대한 경찰이나 검찰에서 애매하게 진술하여 법망을 피해가라고 가르치고 있습니다. 공산주의자는 결정적 시기까지는 절대로 자신의 정체를 드러내지 않습니다. 정체를 숨긴 공산주의자들이 자신의 정체가 탄로나면 대응하는 논리가 '사상의 자유'를 허용하라는 것입니다.

사상의 자유라는 표현은 공산주의자들이 자신들의 공산주의 활동을 변호하는 단골 메뉴입니다. 그러나 자유민주주의에서 허용되는 사상의 자유에는, 자유민주주의를 부정하거나 파괴하는 사상의 자유를 허용하는 경우는 없습니다.

문재인 대통령과 정부가 북한에 대해서 대체적으로 보면 비판이나 이런 말을 못하고 굴종적인 자세를 가지고 있는 것에 대해서 그 이유는 뭐라고 생각하나요?

아까 제가 말씀드렸지만 주사파들은 기본적으로 북한이 자신들의 지도선입니다. 그리고 역사적 정당성이 북한에 있다고 생각합니다. 북한은 항일투쟁의 영웅인 김일성 동지의 지도하에 북조선 인민공화국을 만들었고, 대한민국은 미제 간첩들, 이승만이나 친일파들이 만든 나라라고 생각하기 때문에 정당성이 북한에 있다고 생각하는 것입니다. 따라서 주사파 출신이라면 북한의 지도자들을 존경하고 그들에 굴종적일 수밖에 없습니다.

이인영 통일부 장관이 민주당 원내대표로 있을 때 '선거 후에는 북한식 사회주의로 개헌을 해야 된다'는 표현을 했는데, 이런 부분에 대해서 어떻게 생각하나요?

이인영 씨는 사회주의라고 명시하지 않았고, 동일노동, 동일임금과 토지공개념의 확대를 주장했습니다. 저는 사상전향을 위해서 약 10년간 '도대체 자유민주주의가 뭔가'에 대해서 공부할 수밖에 없었습니다. 왜냐하면 제 사상을 근본적으로 검토해야 했기 때문입니다. 그 과정에서 깨달은 것 중에 하나는 대한민국은 근대 공화국이자, 자유민주공화국이라는 것과 그 개념에 대한 것입니다. 근대와 봉건을 가르는 기준 중에 가장 근본적인 것은 근대는 개인에게 자유와 권리를 제도적으로 보장하는 것을 말합니다. 특히 개인의 권리 중에 사적 재산의 소유와 처분에 관한 자유와 권리는 자유인의 공화국에 매우 중요한 요소입니다. 자유인의 공화국인 자유민주공화국은 사적 재산을 지닌 자유인들의 자치를 기본으로 운영되는 공화국입니다. 거기에 국가가 보완적으로 개인이 할 수 없는 것들, 특히 국방이나 사회 간접시설 설치와 운용들을 자유인들의 의사에 따라 도와주는 것입니다. 애덤 스미스의 저서 중에 가장 중요한 것은 '도덕 감정론'입니다. 애덤 스미스는 도덕 감정론에서 인간의 도덕심은 자립에서 튼튼해진다고 생각했습니다. 그리고 사람이 자신의 생활을 남에게 의지할 때 인간의 도덕심이 무너진다고 봤습니다. 인간은 스스로 자립할 수 있을 때 그 사회는 건강하고 튼튼하게 산다고 본 것입니다.

자유민주주의공화국에서 사람이 자립하는 것의 기반은 사적 재산입니다. 그러나 공산주의는 그 사적 재산을 부인하는 사상입니다. 자유민주주의를 신봉하는 우리는 사적 재산은 양도할 수 없는 그런 가치로 여깁니다. 자유인들이 자유를 구체적으로 누리는 것은 사적 재산을 통해 자신의 생활을 스스로 영위하는 것에서 보장되기 때문입니다. 자유인의 공화국은 개인들이 사유재산을 소유하고 이를 통해 스스로 자립함으로써 사적 자치를 이루는 것입니다. 따라서 자유인의 공화국의 핵심기반은 사유재산입니다. 개인들이 소유하는 사적 재산에서 가장 중요한 부분 중 하나가 토지입니다. 개인의 사적 재산인 토지의 소유와 처분의 배타적 권한은 각 개인에게 있습니다. 만일 개인이 소유한 토지의 소유와 처분을 제한하려면 헌법이 규정하는 것에 따라서 명백한 국가안보나 공공을 위한 분명하고도 명백한 이유가 있어야 할 것입니다. 개인들이 소유한 사적 재산의 가장 중요한 결과물인 토지 등의 재산을 보호하는 것은 자유민주 정부의 가장 중요한 임무라고 입니다. 그것을 함부로 건들면 안 됩니다. 이인영 장관의 토지공개념은 사적 소유권을 흔드는 위험한 주장입니다. 그것이 제가 이인영 장관의 사상을 의심하는 이유입니다. 그리고 토지공개념이 가장 잘된 곳이 어디입니까, 공산주의 아닙니까. 중국은 아직 인민들이 토지를 소유할 수 없습니다. 국가가 소유하고 사용권만 있습니다. 결국 이인영 장관은 대한민국을 북한이나 중국같이 공산주의로 가자는 것입니까.

이인영 장관은 이를 반대하는 피고인으로 대표되는 기독교에 대해서 구조조정을 해야 된다는 언급을 하였는데, 왜 피고인으로 대표되는 기독교를 구조조정을 한다고 평가하나요?
기독교하고 기본적으로 주사파들이나, 혹은 공산주의자들과는 적대적입니다. 공산주의는 유물론에 기초하여 물질의 자기 운동 과정에서 우연히 사람이 태어났고, 인간의 역사를 물질의 운동 과정으로 봅니다. 공산주의자들은 역사적 유물론에서 역사가 발전하는 가장 중요한 요인으로 적대적인 계급들의 투쟁 과정에서 사회가 발전한다고 봅니다.

  그런데 유신론인 기독교는 하나님께서 세상을 창조하셨고, 이 세상은 하나님의 역사적 주권이 작동하는 나라로 봅니다. 유물론은 기본적으로 기독교에 적대적입니다. 그래서 마르크스도 자신의 저서에도 기독교를 민중의 아편이라고 그랬지 않습니까. 민중들이 지배계급의 억압적인 체제를 깨달아야 되는데, 종교가 개입해서 그들을 억압적인 체제를 깨지 못하게 아편주사를 놓고 있다고 해서 기독교에 대해서 마르크스 등 공산주의자들은 매우 적대적이었습니다. 모든 공산주의가 혁명 성공 후 가장 처음 시작하는 게 종교에 대해 탄압하는 것입니다. 특히 기독교에 대해서 혹독한 탄압을 했습니다. 소련도 마찬가지였고, 캄보디아도 마찬가지고, 베트남에서도 공산주의 혁명이 성공한 후 공산주의에 반대한 정통 기독교인은 말할 것도 없고, 공산주의에 거기에 협력한 기독교 지도자들도 맨 처음에 숙청당했습니다. 그 이유는 공산주의 혁명에 기독교는 제거해야 하는 적대적 사상이라는 인식 때문이었습니다.

한편으로 대한민국의 기독교는 오랜 반공 투쟁의 역사를 가지고 있습니다. 전 세계에서 처음으로 소련이 북한에 진주했을 때 공산주의에 반대하는 학생운동을 벌였습니다. 신의주 학생의거가 그것입니다. 그리고 북한에서 공산주의에 반대하는 기독교인들 약 200만 명이 북한 공산당들이 벌이는 기독교 박해를 피해서 대한민국으로 피난해 왔습니다. 북한에서 쫓겨 내려온 기독교인들이 공산주의에 적극적으로 저항하며 자유민주주의 나라인 대한민국을 건국했습니다. 북한에서 내려온 기독교인들은 몸소 북한에서 경험했던 공산주의에 대해서 잘 알고 있습니다. 그 전통이 있기 때문에 기독교인들이 공산주의에 대해 저항하는 것입니다. 작년 10월 광화문에 있었던 반문재인 투쟁에 참석했던 사람들의 거의 80%는 기독교인들입니다. 기독교인들은 그들의 신앙 입장에서는 공산주의를 용납할 수 없기 때문입니다. 기독교인 다수가 보기에 문재인 정권은 주사파에 물들어있는 사람들이라고 생각합니다. 주사파가 이끄는 나라의 결말은 김일성이 주인인 나라라고 생각했습니다. 기독교인들은 김일성이 주인인 인민의 나라에 갈 수 없다고 판단하기 때문에 그들이 나서고 있는 것입니다. 만약에 내가 공산주의 전략가라면 주사파 최고의 적은 기독교입니다. 기독교를 무너뜨려야만 실제로 혁명이 가능하다고 볼 수 있습니다. 그런 측면에서 보면 적어도 문재인 정부가, 그리고 이인영 씨가 기독교를 나름대로 손보겠다고, 재편성하겠다는 것은 제가 보면 기독교에 대한 적대적 의식을 드러낸 것이라고 생각합니다.

주사파들과 조국의 논문을 비롯해서 보면 많은 주장이 기독교를 극복해야 한다는 것이 바로 그런 맥락인가요?
그렇습니다. 그래서 공산주의와 가장 격렬히 싸우는 조직이 기독교입니다.

변호인 정진경 증인에게	공산주의하고 주체사상과는 차이가 있는 것 같은데, 공산주의는 하부구조와 상부구조로 규정한다고 생각하고, 생산력과 생산 관계 사이 모순에 의해서 생산력이 비약적으로 발전하는데 생산 관계가 따라가지 못하기 때문에 결국은 혁명을 통해서 공산주의 사회가 필연적으로 도래한다는 것…. 공산주의는 새로운 세상을 원하는 그룹인 노동자 계급이 혁명을 하면 새로운 세상이 온다고 주장합니다. 그것이 결국은 하부구조, 경제구조에서 결정된다고 하는데, 주체사상은 인간이 모든 것을 결정하고, 인간의 정신을 중심에 놓고, 인간을 핵심으로 김일성 사상과 영도적 사상을 연결시키던데, 어떻게 보면 공산주의와는 완전히 동떨어진 엉뚱한 사고인데, 공산주의는 유물론인데, 기독교는 그것과는 완전히 배치되는 사상이기 때문에 배척하는 것은 이해가 되는데, 왜 현재 주사파들도 기독교와…. 아닙니다. 주체사상도 기본적으로 자기 사상에 대한 설명에서 보면 즉, 김정일이 썼다는 '주체사상에 대하여'라는 논문이나, 김일성의 12권 저작집 등 여러 논문을 보면 주체사상은 유물론, 유물변증법을, 즉 마르크스 레닌주의를 창조적으로 계승하고 오히려 발전시켰다고 주장합니다.

제가 왜 마르크스 레닌주의에서 주체사상으로 넘어갔냐면 아까 변호사님이 이야기한 것처럼 토대와 상부구조의 모순 중 토대 즉 경제적 모순 때문에 사회가 발전한다는 것은 인간의 사상의 역할을 부정하는 기계적 결정론에 가깝기 때문입니다. 물론 마르크스-레닌주의는 그렇게 주장하지는 않지만, 인간의 어떤 의식이나 노력이라는 것은 많이 배제된 측면에서 사회발전과 운동을 많이 주장합니다. 그래서 거기에 뭔가 의심이 있었는데, 주체사상이 그 의문에 해답을 주었다고 생각했기 때문입니다. 주체사상은 토대와 상부구조의 논리를 배제하지 않습니다. 기본적으로 경제 분석 원료는 그대로 사용하되 그 속에서 사람의 역할을 주목하는 사상입니다. 사람이 주동적으로 사회와 역사를 바꾼다는 것입니다.

공산당 이론에 의하면 자본주의가 가장 발전한 나라에서 혁명이 이루어져야 됩니다. 그런데 자본주의 발전국이 아닌 러시아에서 일어났습니다. 레닌은 '제국주의론'에서, 제국주의 나라 가운데 가장 취약한 나라에서 혁명이 일어난다고 하여 러시아에서 일어난 공산혁명을 정당화했습니다. 모택동은 한 걸음 더 나아가 농촌을 근거지로 하는 공산혁명론을 주장했습니다. 김일성은 레닌과 모택동과 마찬가지로 북한의 혁명이 마르크스, 레닌의 혁명론에 입각하고 있지만, 자신의 혁명을 옹호하고 정당화하기 위해서는 뭔가 하나를 보탠 것입니다. 인간의 주동적 역할, 즉 황장엽이 만들었던 인간중심론을 결합한 것입니다. 그래서 북한의 공식 문건을 보면 주체사상이 마르크스 레닌주의의 한계를 극복하고 발전시킨 사상이라고 주장합니다.

북한도 공식적으로 주체사상이 마르크스 레닌주의와 다른 사상이라고 하고 있지 않습니다. 그리고 북한 헌법에는 형식적으로 자유를 허용하고 있지만, 기본적으로 북한 같은 전체주의 나라에서는 당의 이데올로기인 주체사상 말고 아무것도 허용하지 않습니다. 마찬가지로 종교에 대해서도 민중의 아편이라는 마르크스의 개념을 그대로 수용하고 있습니다. 주체사상은 공산주의의 일종의 변종이라고 봐야하며 공산주의와 완전히 다른 것이라고 보기 어렵습니다. 몇 가지 면에서는 주체사상은 거의 공산주의를 수용하되 거기에서 자주성, 창조성, 의식성을 지닌 인간의 존재가 훨씬 더 중요하며, 인간의 존재를 지도하는 당과 수령이 필요하다고 조금 더 변종으로 나가서 사실상 군주제를 만들었습니다. 그러나 주체사상의 토대는 마르크스레닌주의 공산주의에 기초하고 있다고 봐야합니다.

변호인 이성희
증인에게

현 정부가 종전선언을 추진하고 있고, 국회의원 상당수가 찬성하고 있고, 한미동맹도 상당히 약화한 것으로 보이고, 지소미아도 연장 여부가 불투명한 상황인데 이런 상태로 가면 앞으로 대한민국은 증인이 생각하는 주사파들이 원하는 공산화 등이 계속 이행될 것으로 보나요?

저는 주사파로 활동했고 임수경을 방북시킨 주사파 지하조직 조국통일그룹의 지도부로 활동했던 사람으로 내용을 가장 잘 아는 사람입니다. 전광훈 목사님이 공개적으로 연설했던 내용을 듣고 굉장히 공감했습니다. '용감한 발언이다'라고 생각했습니다. 주사파로 활동했던 사람들은 이 단계로 가면 다음은 어디로 가는지 압니다.

과거에 저희가 주장했던 내용들, 아까 말한 대남혁명을 위한 3대 투쟁이 현재 이루어지고 있다고 생각하는 것입니다. 대남혁명을 위한 3대 투쟁 중에 반파쇼민주화투쟁이 있습니다. 그 내용에는 국가보안법 철폐 투쟁과, 공안통치기구 해체 투쟁이 있습니다.

지금 대한민국에서 국가보안법은 거의 무력화되어 있습니다. 공공하게 공산혁명을 외쳐도 처벌되지 않습니다. 공안통치기구란 국가정보원, 검찰의 공안부, 그다음에 군에 있는 보안사 같은 것을 말하는데, 현재 사실상 이 세 기구가 전부 무력화되어 있습니다. 반파쇼민주화투쟁은 거의 완성된 단계에 있습니다. 통일 투쟁인 연방제는 공공연히 외치고 있는 단계에 와 있습니다. 반미투쟁도 최고조에 이르렀습니다. 최근 한국의 주한 미국대사가 '우리 그동안 70년 전에 한미동맹을 했다고 지금도 동맹을 해야 하냐' 지금 '미국 없으면 어때'라고 주장하는 단계에까지 이르렀습니다. 북한의 전략 전술은 바뀌지 않았습니다. 때문에 북한의 전략 전술을 잘 알고 있는 사람으로서 느끼는 위기감은 상당합니다. 그런 측면에서 저는 전광훈 목사님이 제가 가진 위기감을 잘 대변했다고 생각하고, 마음속으로 용기 있는 분이라고 존경하고 있습니다.

작년 11월경 지소미아 연장 문제가 됐는데, 이것이 김일성이 얘기하는 갓끈 이론과 관련이 있다고 하는데, 맞나요?
1975년 2월로 기억하고 있습니다. 김일성이 조선노동당 중앙위원회에서 소위 갓끈 전술이라는 것을 교시했습니다. 그 내용은 뭐냐면 '대한민국 한국의 안보는 미국과 일본이라는 끈에 의해서 유지되고 있다. 그래서 어느 한 끈만 풀어버리면 그 갓은 날아간다'고 주장하였습니다. 한국의 안보를 지탱하는 양쪽 끈은 하나는 미국입니다. 미국이라는 것은 주한미군을 말하는 것입니다. 다른 하나의 갓끈은 일본과의 협력관계입니다. 일본에 대한 적대 감정이 지속적으로 표출되기 시작한 것은 주사파가 한국의 운동권을 장악한 시점부터입니다. 예를 들면 '강점기'라는 것은 한국에서 쓰는 용어가 아닙니다. 강점기라는 용어는 북한에서 썼던 용어입니다. 북한이 말하는 강점기는 식민지 지배를 표현하는 말입니다. 강점기 1기는 일제강점기이고, 2기 강점기는 미제강점기입니다. 주사파들이 북한에서 쓰고 있는 용어들을 그대로 쓰고 있는 것입니다. 주사파들이 한국 학생운동의 주류가 되면서 대한민국 역사학계가 급격히 종북으로 넘어갔습니다. 그때부터 친일청산론이 나옵니다. 대단히 재미있는 것은 1991년도에 정신대 문제를 이야기합니다. 처음에는 일제에 노동을 제공하던 정신대와 위안부를 구분도 못했습니다. 위안부를 정신대로 혼동했습니다. 연구도 없이 잘 알지도 못하는 가운데 정치적 주장부터 한 것입니다. 어쨌든 정신대 즉 친일청산론이 전면으로 대두된 시점이 주사파들이 한국 학생운동의 주류가 되고 대학가를 장악하고 난 후부터입니다. 저는 그런 면에서 '김일성이 1975년도 주장했던 갓끈 전술이 주사파들에 의해서 도입되고, 투쟁으로 구체화 되고 있고, 실행되고 있다' 이렇게 볼 수 있다고 생각합니다.

증인은 피고인이 2019년 6월 8일 시국선언을 할 당시 주사파 내지 공산주의의 위험성을 알리고, 대한민국이 공산화되고 있다는 것을 연설하는 부분에 대해서 현장에 참석하거나 동영상을 본 적이 있나요?
예, 제가 6월 8일 전광훈 목사님이 기자회견을 한다고 연락이 왔길래, 당연히 전광훈 목사님 애국 활동에 동참해야 한다고 생각했습니다. 저처럼 과거에 주사파 활동을 했던 사람은 주사파들의 위험을 알리는 것이 마땅하며 그것이 의무라고 생각했습니다. 저는 지금 대한민국이 위험한 길로 가고 있다고 증언하는 연설에 참여했습니다.

피고인은 작년 6월 8일 시국선언 당시에 주사파의 위험과 대한민국 공산화의 위험성을 국민에게 알리기 위해서 각종 시국 연설을 수백 차례 한 것이지요?
예.

피고인이 작년 6월 8일 연설을 시작할 당시에는 그로부터 1년 후에 있을 선거에 영향을 미치려고 하는 목적은 전혀 아니었지요?
예, 제가 보기에는 선거보다는 주사파의 위험성을 알리는 목적이고, 저도 그렇게 알고 거기에 나갔습니다.

피고인의 연설에서 나오는 '자유우파'라는 개념을 쓰고 있는데, 이 자유우파라는 내용이 무엇을 의미하나요. 주사파와 대립 되는 내용 아닌가요?
정치적으로 보면 자유민주주의와 전체주의가 있습니다. 그게 서로 대립 되는 것입니다.

아까 말씀드렸지만, 자유민주주의란 개인의 자유를 존중하고 자유인들의 공화국을 지칭하는 것이고 민주주의가 자유주의와 결합한 것을 말합니다. 전체주의는 하나의 유기체로서의 사회를 바라보는 것을 말합니다. 자유라고 하면 그것은 전체주의, 공산전체주의에 반대한다는 의미입니다. 좌파는 경제적으로 공산주의를 지향하고 있다는 것을 의미합니다. 우파는 사유재산을 부정하는 공산주의를 반대하고 시장경제를 지향한다고 해서 사용하는 개념입니다. 따라서 자유우파라는 개념은 통칭적으로 '공산전체주의에 반대하는 모든 사람을 이야기한다'고 말하는 것이 정확한 표현입니다.

특히 피고인은 연설 중에 '자유우파 정당'과 '주사파 정당'을 구분해서 설명하였는데, 어떠한가요?
주사파 정당은 주체사상을 지지하는 사람들을 말합니다. 예를 들어 더불어민주당도 두 부류가 있다고 생각할 수 있습니다. 하나는 주체사상을 지지하는 사람들과 주체사상을 반대하는 진보적 의견을 가진 사람들이 있을 수 있다는 것입니다. 진보적 의견을 가진 사람이라는 것은 '우리 사회가 자율경쟁을 통해서 낙마하는 사람이 있기 때문에 그들에게 서구처럼 국가가 나서서 훨씬 더 많은 복지혜택을 주어야 한다'는 것은 진보적 사상입니다. 그것은 얼마든지 자유민주주의에서 서로 포용 되고 보호되어야 할 사상입니다. 그런 사상을 가진 사람들이 더불어민주당 내에 혼재되어 있다고 본다면 전광훈 목사님이 주사파 정당과 자유우파 정당을 구분했다는 것은 주체사상을 지지하고, 북한을 찬양하는 그룹과 나머지 주사파에 반대하는 정당을 지칭하는 용어라고 볼 수 있습니다.

고소장을 보면 피고인은 연설 과정에서 자유우파들이 확보할 의원들의 수를 언급하였는데, 이런 언급은 당시 작년 11월, 12월 기준으로 볼 때 고성국TV, 정규제TV, 조갑제TV뿐만 아니라 유시민의 알릴레오와 같은 여러 언론에서 정치평론을 하면서 일반적으로 나온 내용 아닌가요?

그것은 선거를 좀 아는 사람은 다 알 수 있는 내용입니다. 목사님 내용은 새로운 것이 아닙니다.

공소장에 보면 피고인이 명예훼손으로 기소된 내용이 평창 동계올림픽에서 신영복을 존경한다, 윤이상, 김원봉 이런 내용을 언급하는 부분을 하면서 '대한민국은 반드시 공산화가 된다'고 얘기하였는데, 그러면서 공소장 마지막 단락을 보면 '사실상 대통령은 간첩이 아니고, 간첩 행위도 하지 않았고, 대한민국을 시도하지 않았다'고 평가되어 있는데, 이 부분은 어떻게 생각하나요?

신영복이라는 사람이 1988년 출소 10년 후 1998년도/1998년 '말'지에서 '자신은 통혁당 때의 생각과 사상을 버리지 않았다. 그리고 그와 같은 행동은 자신의 양심에 따른 것이기 때문에 지속적으로 할 것이다'라고 주장했습니다. 그런 신영복이 명백하게 자신의 생각을 버렸다고 하지 않고 자유민주주의에 적대되는 행동을 하는 사람을 존경한다면 심각한 문제가 있는 것입니다. '문재인 대통령이 어떤 사상을 가지고 있는가'를 묻는 것은 국민으로서 정당한 의무라고 생각합니다.

최광 증인신문조서

최광 전) 장관

서울대학교 경영학과를 졸업하고 메릴랜드 대학교 대학원에서 경제학 박사를 받았다. 경제학자로 한국조세연구원 원장, 국회예산정책처 처장, 국민연금관리공단 이사장과 보건복지부 장관을 역임했다. 문재인 정부가 추진하고 있는 소득주도성장이 한국 경제의 큰 위기를 가져올 것을 예측하고 비판하고 있다.

변호인 이성희
증인에게

증인은 경제학자로서, 한국조세연구원 원장, 국회예산정책처 처장, 국민연금관리공단 이사장, 보건복지부 장관을 역임하였고 국내외 대학에서 교수를 역임하였지요?

예, 저는 공직도 공직이지만, 학자이고 학문에 평생을 바쳤습니다. 말씀하신 공직 4개는 국가의 부름을 받아 제 전공과 관련된 일로 봉사한 것입니다.

고위 공직을 역임한 분이 법정에 증인으로 출석하는 것이

흔하지 않은 일인데, 다른 재판에 증인으로 참석하여 진술한 적이 있나요?
놀랍게도 이번이 3번째 증언입니다. 보건복지부 장관 역임 후에 외환위기와 관련해 강경식 경제부총리와 김인호 경제수석의 재판에 증인으로 출석하였고, 국민연금관리공단 이사장 재직 중에 삼성물산과 제일모직 합병 건이 있어 박근혜 대통령 재판에도 증인으로 참석했습니다. 제 증언만 영향을 준 것은 아니겠지만, 두 번의 재판에서 3명의 피고인이 무죄 선언을 받은 바 있습니다.

증인은 피고인과 어떤 특별한 인연이 있었나요. 어떤 분으로 알고 있나요?
2005년인지 2006년인지 기억이 정확하지는 않지만 노무현 대통령 시절에 피고인이 저를 찾아왔었는데, 그 당시에는 양극화 이슈가 있었습니다. 제가 경제학자이다 보니 저에게 찾아와서 양극화에 대해서 피고인이 '자신을 좀 교육해주면 좋겠다'고 해서 그 역할을 했습니다. 이 자리에서 드리고 싶은 말씀은 제가 피고인에 대해 가지고 있는 이미지가 딱 세 가지라는 것입니다. 하나, 피고인은 제가 보는 한 대한민국 최고의 애국자입니다. 그리고 목회가 본업인데 점수를 매길 수는 없겠지만 가장 훌륭한 목회자입니다. 또 한 가지는 이승만 대통령을 비롯해 현대사에 얼마나 해박한지 학자인 저도 가끔씩 '내가 더 공부를 열심히 해야겠구나'라고 생각할 정도로 훌륭한 애국자이자 훌륭한 설교자이며 현대사에 박학다식한 분입니다. 이것이 제가 피고인에 대해 갖고 있는 이미지이며, 존경하는 이유입니다.

증인은 경제학자로서 현 정부가 추진하는 소득주도성장 정책에 문제가 있다고 비판해왔지요?

예, 현 정부는 J노믹스라는 이름하에 여러 가지 정책을 추진했습니다. 그 중에 가장 먼저 나온 것이 소득주도성장 정책입니다. 저는 그 말을 접했을 때 경제 전문가로서 굉장히 놀랐습니다. 전 세계 경제학 교과서 어디에도 소득주도성장이라는 말이 없습니다. 우리나라는 박정희 대통령 이후에 수출주도성장, 투자주도성장이라는 두 성장정책을 통해서 오늘의 한국 경제가 존재하게 되었습니다. 현직 정책담당자들이 하는 말을 들으면서 제가 내린 결론으로는, 이분들이 주장하는 정책은 '임금주도분배정책'이라는 것입니다. 소득은 근로소득도 있고, 사업소득도 있고, 금융소득도 있는데 그 중에 임금소득만을 강조했으니 임금주도분배정책인데, 작명이 잘못되었을 뿐만 아니라 본질을 이해 못 하는 정책인 만큼 대한민국에 굉장히 커다란 해악을 가져올 것이라고 판단을 했고, 언론에 많은 기고를 하며 비판했습니다.

문재인 정부가 추진하는 소득주도성장 정책을 시행했던 나라가 성공한 역사적 사례가 있나요?

말씀드렸듯이 소득주도성장이라는 말은 경제학 교과서에 없고, 경제 학술지에도 없습니다. 그렇기에 당연히 추진하는 나라가 없습니다. 가장 근접한 것을 찾아봤더니, 남미 몇 나라에서 소득주도성장과 비슷한 정책을 시행했는데 그것은 현 정부가 추진하고 있는 내용과 다르며 최저 임금을 올리는 것이 아니었습니다. 남미는 석유자원이 풍부하기에 석유자원을 팔아서 생긴 돈을 국민에게 풀어주는 형태의 소득주도성장이었습니다. 문제는 그 결과가 어떠냐는 것인데 그 나라들은 성장하기는커녕 전부 망조가 들어 국민들이 고통 받고 있습니다.

임금을 분배한 나라가 없다는 이야기인가요?
19세기 말 최저 임금 제도가 도입된 이후로, 최저 임금을 가지고 정책 논의를 하는 나라들은 많습니다. 그러나 최저 임금을 올리는 것을 가지고 성장정책이라고 하는 나라는 없습니다. 그것은 분배정책이지요.

지난 3년 동안 문재인 정부가 소득주도성장정책을 추진한 결과로 2019년 6월경 그 당시 한국 경제는 어떠한가요?
전 국민에게 소득주도성장이 얼마나 실패를 했는지를 말씀드리고 싶습니다. 전 세계의 경제와 우리나라의 경제를 비교해 살펴보면, 김영삼 대통령 시절에 전 세계가 3.4% 성장할 때 대한민국은 7.8% 성장했습니다. 김대중 대통령 시절에는 전 세계가 3.4% 성장할 때 한국 경제가 5.3% 성장했습니다. 우리가 전 세계 평균 경제 성장률보다 높이 성장했다는 이야기입니다. 사실 노무현 대통령 시절에는 세계 경제가 굉장히 호황이었습니다. 세계 경제가 5.1% 성장했으니까요. 불행하게도 당시의 한국 경제는 4.5% 성장했습니다. 이명박 대통령과 박근혜 대통령 때는 한국 경제와 세계 경제 성장률이 거의 비슷했습니다. 문재인 대통령 들어와서 첫해에 세계 경제가 3.9% 성장하는데 우리는 2.7% 성장했고, 두 번째 해에는 세계 경제가 3.4% 성장하는데 한국 경제는 1.8% 성장했습니다. 이것이 소득주도성장 정책의 결과입니다.

문재인 정부가 이런 소득주도성장정책을 지속적으로 추진하고 있는 이유가 무엇이라고 생각하나요?

저도 그 부분을 놓고 많이 고민하고, 현 정책담당자들 후배들, 대학이나 고등학교 선후배들을 만나서 이야기를 해보고 싶은 생각이 들었지만 아직 그런 기회가 없었습니다. 제가 느낀 대로 말씀드리자면, 명의와 돌팔이 의사로 빗대어 표현할 수 있습니다. 현 정부의 경제정책 담당자들은 돌팔이 의사입니다. 비행사가 비행기를 조종할 때는 자신의 감각을 믿으면 안 되고 계기판을 믿어야 합니다. 하늘에 올라가면 전후좌우가 분간이 안 되기에 감각은 믿을만한 것이 못되기 때문입니다. 사막을 건널 때도 지도를 따라가지 말고 나침반을 따라가야 합니다. 경제정책을 두고 계기판과 나침판이 무엇이냐고 하면 바로 시장과 경제 원리입니다. 시장과 경제 원리를 이해하면 절대로 소득주도성장 같은 정책이 나올 수 없습니다. 그런데 불행하게도 지금 현 정책담당자들은 시장 자체를 이해하고 있지 못합니다. 경제 원리라는 것이 너무나도 간단한데 그 경제 원리를 모른다는 것입니다. 따라서 저는 이런 분들은 돌팔이 의사라고 강한 표현을 쓰지 않을 수가 없습니다. 돌팔이 의사가 시장과 경제 원리를 모르기 때문에 모든 문제가 발생하고 그것이 계속되고 있다고 생각합니다.

소득주도정책을 계속할 경우, 국민연금은 어떻게 될 것으로 보고 있나요?
국민연금은 좋은 제도입니다. 50년 후에 고갈된다는 것은 정책변수 몇 개만 바꾸면 됩니다. 보험료를 올리지 않고도 고갈되는 것을 막을 수 있는 가장 중요한 정책 중 하나가 경제 성장률을 높이는 것입니다. 전 세계 평균보다 낮게 지속되는 저성장은 앞으로 국민연금 기금 운영에 큰 차질을 초래할 것이라고 생각합니다. 현재 우리나라가 마이너스 성장이 아니다보니 국민들은 지금 3만 불 시대이니 20년 지나면 4만 불 시대로 갈 것이라고 안이하게 생각합니다. 그러나 우리 역사를 놓고 보면 그렇지 않은 경우가 너무나도 많습니다. 20세기 초반에 남미의 많은 국가가 미국과 쌍벽을 이루면서 살았습니다. 그 당시에 2만 불이었던 국가가 지금은 5천 불로 떨어졌지요. 현 정부도 직권 초기에 4만 불 간다고 이야기했습니다. 그 말을 하는 정책자의 선언을 보면서 '앞으로 2만 불로 경제가 떨어지는 것을 어떻게 막아야 하나'하는 걱정 때문에 노심초사하고 있습니다.

증인은 피고인이 2019년 6월 8일 시국선언 당시 피고인에게 소득주도성장 정책의 문제점에 대한 조언을 해주었지요?
예, 바로 전날 7일 피고인이 전화로 "8일에 시국선언을 하는데 좀 나와 주지 않겠냐"고 말씀하셔서 기꺼이 참여를 하겠다고 말씀드리고, 그날 20분 정도 소득주도성장 문제점에 대해서 피력을 한 바 있습니다.

증인을 포함한 여러 전문가에게 조언을 들은 피고인은 2019년 6월 8일 대

한민국과 헌법을 지키기 위해서 시국선언을 하게 된 것이지요?
6월 8일 시국선언은 저는 대한민국 역사에 굉장히 큰 의미가 있다고 생각합니다. 당시 선언된 8개의 주장은 국민 모두가 누구나 쉽게 이해할 수 있고 간단명료하게 핵심을 체크한 것입니다. 저는 이 부분에 대해서도 피고인의 혜안을 존경하는데, 이 시국선언은 역대 어느 선언에서도 그 사례를 찾기 힘들 정도로 내용이 정확하고 명료하다고 말씀을 드릴 수 있겠습니다.

당시 시국선언은 2020년 4.15 총선을 목적으로 한 것은 아니었지요?
예, 우선 피고인이 선거와 관련돼서 시국선언을 한다고 하면 제가 나가지 않았을 것입니다. 제가 알기로 피고인은 좌파정권이 대한민국을 파괴하고 있다는 것을 국민에게 소상히 알리려는 좋은 의도를 가지고 나간 것이므로 4.15 총선과는 시기적으로도 전혀 관계가 없는 것이었습니다.

피고인은 이승만 대통령의 1948년 제헌헌법이 자유 시장경제, 자유민주주의, 한미동맹, 기독교 입국론을 근거로 하였다고 하는데, 이것에 대해 검토해 본 사실이 있나요?
저는 피고인이 4가지 이승만 대통령의 핵심 정책을 자유민주주의, 자유 시장경제, 한미동맹, 기독교 입국론으로 요약하는 것을 보고 '진짜 대단한 분이며, 이승만 대통령에 대한 공부가 참으로 잘 되어 있다'고 생각했습니다. 변호사님 질문 중에 정확하게 하고 싶은 것은 자유 시장경제와 자유민주주의는 이승만 대통령이 주도해서 만든 제헌헌법에 들어있다는 것입니다.

그러나 한미동맹과 기독교 입국론은 헌법에 들어있는 사항이 아니고 피고인이 공부를 해서 정리한 내용입니다. 피고인은 이승만 대통령에 관해 대학에서 강연하는 학자들을 능가하는 대한민국 최고의 이승만 대통령 전문가이기에 4가지 기둥을 밝히고 거의 모든 집회에서 강조하는 것을 봐왔습니다.

피고인은 이승만 대통령이 만든 헌법과 가치를 지키는 세력을 우파로 규정하였는데, 이에 대해 알고 있는가요?
예, 제대로 돌아가는 나라에서 헌법적 가치는 좌파와 우파 모두 지켜야 합니다. 미국의 민주당과 공화당도 마찬가지입니다. 피고인이 우리의 헌법적 가치를 지키는 세력을 우파라고 규정한 것은, 현 집권 좌파세력이 헌법적 가치를 무시하고 대한민국을 파괴하는 지경에 이르렀기 때문에 이들과 차별화하기 위함이었다고 확신하는 바입니다.

증인이 진술한 것처럼 헌법은 여야가 모두 지켜야 하기에 여당과 야당을 구분하는 내용은 아니지요?
물론입니다. 영국, 독일을 포함해 어느 나라의 정당이 헌법적 가치를 부인하겠습니까.

공소사실에 나오는 2019년 12월 2일경 피고인이 '자유우파를 중심으로 뭉쳐야 한다'라는 표현을 한 것은 피고인이 10년 동안 지속해왔던 애국 연설과 일관된 내용이지요?

예, 저는 피고인을 2005년에 뵙고 작년과 재작년, 그리고 그 전에도 서울시청 앞에서 광화문 집회 못지않게 많은 분이 모인 집회를 수없이 해왔습니다. 그때마다 피고인은 우파가 뭉쳐서 대한민국 헌법을 지키자고 일관된 주장을 했습니다.

피고인이 공소사실에 나오는 '자유우파를 중심으로 뭉쳐야 한다'고 연설한 것은 2020년 4.15 총선을 염두에 두고 한 것이 아니라, 근대사 왜곡, 문재인 정권의 대한민국 종북화 위험성, 4대강 파괴, 원전 파괴, 국제외교 왕따, 소득주도성장 정책으로 인한 경제 파탄 등으로부터 헌법과 대한민국을 지켜야 한다는 취지에서 연설을 한 것이지요?

예, 작년 6월 8일 시국선언과 8월 15일, 10월 3일, 10월 9일 집회까지, 피고인 연설에서 핵심이 된 것은 언제나 대한민국 바로 세우기였지 총선을 염두에 둔 것은 전혀 아니라고 확신합니다.

2020년 2월경 코로나 사태가 오기 전 2019년 연말 기준으로 한국 경제가 심각한 수준에 이르렀던 것이 맞지요?

예, 여러 경제 지표가 있는데 제가 살펴본 바로는 성장지표, 고용지표, 분배지표 이 모든 경제 지표에서 역대 최악의 수준이었습니다. 이런 상황에서 아무런 책임을 지지 않고 정책 변화를 추구하지 않는 것은 경제학자로서 참으로 이해하기가 힘듭니다.

문재인 정부는 2020년 2월경 코로나 사태가 발생하자 2019년 연말 기준으로 경제가 참담한 실정에 이르게 된 원인을 코로나라고 주장하고 있지요?
저를 포함한 모든 인간은 문제가 생겼을 때 핑계를 찾는다고 생각하는데, 문제는 코로나 대책 자체가 경제를 망가트리고 있다는 데 있습니다. 안타깝게도 저는 '코로나를 빌미로 병 주고 약 주는 정책이 진행되고 있다'고 표현을 합니다. 코로나를 명분으로 한 혈세 퍼주기 정책은 앞으로 경제를 더욱 파탄시킬 것이며, 국민을 노예화하는 정책이기 때문에 앞으로 두고두고 문제가 될 것으로 확신하는 바입니다.

2020년 10월 기준으로 4년 차에 들어선 문재인 정부는 소득주도성장 정책을 바꾸지 않고 계속 추진하고 있지요?
예, 저는 올해부터 술도 끊고 절필을 해왔습니다. 그런데 근자에 들어서는 홍남기 부총리에게 '당신 이제 내려오세요. 이렇게 경제와 재정을 파탄 내고도 그 자리에 앉아 있는 것은 당신 스스로도 양심에 가책되는 것이 아니냐'는 내용의 기고를 해야겠다고 생각했는데, 원고를 쓸지 모르겠지만 이런 심정에까지 이르게 됐다는 말씀을 드리겠습니다.

이인영 통일부 장관은 북한의 개인과 기업이 남한의 대기업 주식 및 부동산을 살 수 있도록 추진하는 남북경제협력법 개정을 하려고 하는데, 이 정책도 문제점이 많은 것 아닌가요?
예, 남북경제협력 법안을 제가 직접 본 적이 없지만, 개정은 물론이고 이 법

안 자체가 잘못됐다고 생각합니다. 협력은 먼저 교류가 있어야 가능합니다. 경제 주체들 간에 자연스러운 교류가 전무 한 상태에서 정부 주도로 협력을 도모하겠다는 발상 자체가 큰 문제입니다. 교류와 협력은 기본적으로 상호적인 것입니다. 설사 북한의 기업과 개인이 남한의 주식과 부동산을 살 수 있게 된다면, 남한의 개인과 기업도 북한의 주식과 부동산을 살 수 있어야 되는 것이 맞는 것 아닙니까. 그런데 이에 대한 이야기는 없지 않습니까. 또 묻고 싶은 것은, 북한의 기업과 개인이 남한 주식과 부동산을 살 수 있다고 했는데 북한에 개인과 기업이 있습니까? 공산당만 있는 것 아닙니까. 이것은 단순히 국민의 혈세를 이북에 퍼주겠다는 이야기입니다. 저도 23년 전에 국무의원을 했지만 이인영 같은 사람이 국무위원을 하고 있기 때문에 앞으로 제가 국무의원을 했다고 말하고 싶지 않습니다.

증인은 2005년부터 시국선언까지 피고인과 계속 같이했다고 하였는데, 피고인이 구속되었습니다. 이에 대해서 하실 말씀이 있나요?

피고인은 저에게 특별히 잘해준 것도 없고, 저도 특별히 잘해드린 것이 없습니다. 참 애쓰시는 데 제가 도움을 드리지 못해 안타까운 마음을 가지고 있습니다. 이 법정에서의 피고인에 대한 재판은 많은 국민이 예의주시하고 있다고 봅니다. 수백 번이 넘는 집회를 개최하며 몇 십만, 어떤 때는 백만이 넘는 청중이 모였어도 폭력을 행사한 적이 한 번도 없습니다. 저는 이 법정에서 피고인에 대해 잘 판단될 것을 간절히 희망합니다. 피고인은 오직 대한민국 살리기에 매진한 대한민국 최고의 애국자입니다. 애국자가 처벌을 받는 경우가 세상천지에 있을 수 있습니까.

 판사님, 판사님의 현명한 판단을 감히 요청드립니다. 대단히 감사합니다.

II. 위대한 증언들   3. 최광 증인신문조서

피고인 전광훈
증인에게

현 정부가 정책 수정 없이 지금과 같은 정책기조를 유지할 경우 앞으로 대한민국의 미래는 어떻게 될지에 대해서 한 마디 해주시기 바랍니다.

제가 4만 불로 가는 희망이 반대로 2만 불로 갈 수 있다고 표현했는데, 제 결론이 제발 맞지 않기를 바랍니다. 실현되면 큰일이지 않습니까. 그런데 지금 같은 사태가 2~3년 더 진행된다고 생각하면 걱정하지 않을 수 없습니다. 이번에 기업 관련 3가지 입법이 통과되었는데 모든 경제 주축은 기업입니다. 저는 수업시간에 들어오는 학생들에게 대한민국 최고의 애국자는 기업인이라고 가르칩니다. 이 모든 건물도 기업인들이 지은 것이지 대통령이 짓고 관리된 게 아닙니다. 모든 역사에 지어진 건물은 다 기업인들의 작품입니다. 일자리도 정부가 만드는 것이 아닌 기업인들이 만듭니다. 그런 기업을 옥죄고 괴롭히는 상태가 계속될 경우 기업인들이 어려움을 겪기도 하겠지만, 동시에 가진 것도 많기에 외국으로 이민 갈 수도 있습니다. 문제는 우리나라 기업이 외국에 가는 것 못지않게 외국의 기업들이 들어와야 하는데, 그렇지 않다는 것입니다. 박정희 대통령 시절, 우리 경제가 번영한 것은 전 세계의 기술과 기업들이 대한민국에 둥지를 틀었기 때문입니다. 중국도 마찬가지입니다. 포춘 500대 기업 중 우리나라에 있는 기업은 4~5개뿐이지만, 중국에는 100개 이상의 기업이 있기에 성장하는 것입니다. 지금은 그나마 한국에 남아있는 10개 미만의 외국 기업조차 쉽게 나갈 수 있는 상황입니다. 옛날에 10개 기업이 있었다면 제대로 된 정책으로 20개를 만들고, 100개를 만들면서 4만 불 시대로 가야 하는데, 이렇게 기업과 기업인을 옥죄는 정책이 계속되면 불행하게도….

저는 제발 3만 불이 2만 불로 떨어지지 않기를 간절히 빌면서 살아갑니다. 남미를 보세요. 남미 아닌 다른 나라의 역사도 보세요. 가장 큰 교훈은 역사에 있습니다. 위정자가 이상하거나 잘못된 정책을 펼치면 반드시 나라가 망하고 그로 인해 국민이 고통 받게 되어 있습니다. 저의 개인적인 주장이 아니라 역사에 확실하게 기록된 이야기입니다.

Ⅱ. 위대한 증언들   3. 최광 증인신문조서

검사
증인에게

증인은 자료를 하나 들고 왔는데, 신문 사항을 변호인으로부터 미리 전달받아 답변을 준비했나요?
일부는 처음 보니까 큰 구도에 대해 이야기를 나눈 바 있지만, 세세한 부분은 제가 스스로 정리하고 준비했습니다.

증인이 언론에서는 친박 인사라고 알려져 있는데, 그렇게 불리는 것에 대해서는 동의하나요?
저는 박근혜 대통령 편으로 간 일이 없고, 오히려 친박으로부터 국민연금공단에서 2년 반 만에 쫓겨났습니다. 그러나 박근혜 대통령이 저를 쫓아냈다고 생각하지는 않습니다.

  친박 세력이라고 하셨는데, 저는 제 전문성을 바탕으로 4개의 공직에 있었습니다. 제 전문성이 필요하지 않은 곳에 간 적은 없습니다. 친박이라는 말은 전혀 가당치 않습니다.

증인은 가입된 정당이 있나요?
15년 전부터 새누리당 당원으로 당비를 내고 있는데 그 기록이 이어져서 제 의사와 관계없이 지금의 국민의 힘 당원이 된 것으로 판단하고 있습니다.

선거 때 비례용 위성 정당으로 만들어졌었던 미래한국당에서 당무위원을 한 적이 있는가요?
아니요, 전혀 없습니다.

미래한국당과는 전혀 관련이 없나요?
예, 전혀 관련이 없습니다.

위키백과에 당무의원으로 되어 있는데, 어떤가요?
홍준표 대표 시절 옆에 있는 분들이 당무가 아닌 고문으로서 대표를 만나 환담을 해주면 좋겠다고 해서 딱 2번 환담의 자리에 나갔는데 그게 언론에…. 제가 미래한국당에 간 일은 전혀 없습니다.

미래한국당과는 관련이 없다는 이야기이지요?
예, 없습니다.

2019년 3월 4일 프레스센터에서 이승만대학설립 발기인 대회가 있었지요?
예.

거기에 증인도 참석하였지요?
예, 제가 이승만을 존경하기에 참석했습니다.

II. 위대한 증언들　　　　3. 최광 증인신문조서

이승만대학설립 발기인 대회는 피고인 전광훈이 주도한 것이었지요?
예.

당시 참여했던 사람은 김승규(전 국정원장), 김문수 전 경기도지사, 고영일 변호사인 것으로 보도되어 있는데, 증인도 참석했다는 것인가요?
예.

당적은 기존에 자유한국당, 과거 한나라당 때부터 가지고 있었던 것이지요?
예.

2019년 3월 4일 프레스센터에서 개최된 이승만대학설립 발기인 대회에 피고인이 주최한 장소에도 같이 참여하였다는 것이지요?
예, 물론입니다.

2019년 6월 11일 대국본이 주최한 프레스센터 기자회견에도 참여하였지요?
예.

같이 참여한 분 중에 이재오 전 장관도 있었지요?
예.

2019년 12월 23일 이재오 전 장관 등이 주도해서 창립한 국민통합연대 창립대회에 참여한 사실이 있지요?
예, 저는 그 조직 내 어떤 분의 권유에 의해 갔었는데 당일 한번 참석하고 그 이후로는 그 조직에 발을 끊었습니다.

증인이 참여해서 발언을 하기는 했지요?
예, 제게 그날 참석해 달라고 권유하신 분의 요청에 의해서 간단하게 발언했는데, 전체적인 분위기를 보니 제가 있을 곳이 아니라고 생각해 그 이후로는 전화로 '제 이름을 빼주십시오'라고 말했습니다.

당시 언론 보도에 의하면, 증인이 "다음 선거에서 우파 자유 대연합 대연대가 기필코 승리해서, 자유가 반드시 이기도록 하는 게 이 연대의 주된 목적이라고 감히 단언한다"라는 취지로 발언하였는데, 맞나요?
예, 그 발언에서의 방점은 자유입니다. 그런데 그곳은 자유보다도 공화, 보수 이야기를 해서 제가 있을 자리가 아니라고 생각했고, '제가 평상시에 가지고 있는 모임이 이렇게 되고 있는데 당신들 이렇게 하면 안 된다. 제가 주장하는 바대로 해야 한다'는 취지로 발언했습니다.

'우파 자유 대연합'이라는 표현을 사용했는데 '우파 자유 대연대'에 포함되는 정당이나 정치세력은 구체적으로 무엇을 이야기하는 것인가요?
저는 그 당시에 새누리당에 있었는데 여야를 막론하고 그 외 보수세력인 자유우파의 결속이 필요하다고 판단해서 이야기한 것입니다.

그 당시 정당에서 우파 자유 대연합에 속할 수 있는 정당은 무엇이 있다고 보나요?
저는 자유한국당이 제 역할을 못한다고 생각하는 찰나에, 주위에서 새로운 세력을 결성하자는 이야기를 해서 모임에 갔는데 그 장소에 모인 분들은 제가 생각한 집단이 아니라고 판단했습니다.

그 행사에서 피고인이 축사를 했다고 하는데 증인도 알고 있나요?
예, 했습니다. 피고인이 축사를 하고 난 두세 번째 뒤에 제가 했습니다.

증인이 이야기하는 '우파 자유 대연합'은 피고인을 비롯한 광화문 투쟁 세력도 포함되는 것인가요?
저는 그 당시 정치세력을 특정 개인이나 특정 집단에 두지 않았습니다. 다만, 당시 야당이 제 역할을 못하니 새로운 세력이 필요하다는 취지로 말했다고 이해해 주시면 좋겠습니다.

**증인은 2019년 12월 27일 선거와 관련해서 "황 대표가 2020년 총선 승리와 강력한 대안 정치세력 구축을 위해 보수 대통합을 제의한 데는 동의한다. 또한 2022년 대선도 총선 결과에 달린 만큼 황 대표는 자신이 천명한 보수 대연합을 달성해야 한다. 필요하면 당 간판을 내린다는 각오를 해야 한다. 500~1000표 차이로 승부가 갈리는 수도권 선거구에서 보수 단일화 여부는 결정적이다. 물론 대연합 결과가 도로 한국당이 되면 이길 수 없다"라고 인터뷰한 사실이 있고 보도가 되었는데, 사실인가요?
사실이고, 지금 같은 질문을 해도 그렇게 답변할 것입니다.

피고인이 주장하는 '우파 자유 대연합'이나 어떤 정치세력인지는 잘 모르겠지만 변호인 신문에서 진술했던 다양한 가치들이 실현되기 위해서 4.15 선거가 중요한 정치행사였던 것으로 볼 수 있나요?
당연히 제 개인적으로는 국가 운명을 놓고 굉장히 중요한 선거라고 생각하고 있었습니다.

6월 8일에 6.8 선언을 하였는데, 그때부터 2019년 12월 사이에 피고인이 언급한 4.15 선거에 관련된 내용을 들어본 적이 있나요?
제 기억으로 피고인의 발언은 크게 보면 두 가지였습니다. 하나는 위대한 대통령 이승만을 계속 강조한 것이고, 다른 하나는 '대한민국 헌법 질서를 지키자'는 것입니다. 이 두 가지 요점만 제 귀에 남아있고, 1:1로 만나서 4.15 총선에 대해 말씀하시는 것은 공개적으로 들은 바가 없습니다. 사석에서도 그런 이야기를 나눈 바가 전혀 없습니다.

(증거기록 제1236쪽을 제시하고)
부산역 광장 집회에서 발언한 내용 중 일부입니다. 증인은 언론으로 확인된

Ⅱ. 위대한 증언들   3. 최광 증인신문조서

바에 따르면 2019년 3월경부터 피고인과 중요한 기자회견 또는 행사 등을 해온 것으로 보이는데, 어떤가요?
예, 그것은 자유민주주의를 지키기 위해서입니다.

2019년 3월 4일경부터 2019년 11월 말까지 피고인이 '내년 4월 선거에 수도권 100석 만 우리가 잡으면 된다'라는 말을 한 것을 들어본 적이 있나요?
저는 제 귀로 그 이야기를 들은 적은 없습니다.

부산에 가서 한 말인데, 증인은 '수도권 100석 중의 60석은 이미 우리 쪽으로 왔다. 나머지 40석만 우리가 찾아오면 된다. 지금부터 여러분의 자식, 사위, 제자, 친구 모든 관계성이 있는 수도권에 사는 사람들에게 전화해서 잘 설득해라'라고 하였는데, 2019년 3월 4일 이승만대학설립 발기인 대회로부터 2019년 11월 30일 사이에 피고인이 이와 같은 말을 하는 것을 들어본 적이 있나요?
직접 들은 적은 없습니다.

집회나 기자회견을 통해서도 들은 적이 없나요?
저렇게 몇 석을 언급한 것은 처음 듣습니다.

변호인 이명규
증인에게

'우파 자유 대연합'이 공유하는 가치는 헌법 수호, 대한민국 체제 수호 그것 하나인가요?
저는 지금 말씀하시는 것이 핵심가치라고 보는데, 그 자리에서는 그게 핵심가치가 아니라고 하는 인상을 받았습니다.

그것인 줄 알고 갔다는 것이지요?
저는 순수한 집단인 줄 알고 갔습니다.

'우파 자유 대연합'이라는 제목하에 모일 수 있는 다양한 사람들이 있다는 이야기인가요?
저는 '우파 자유 대연합'이라는 표현을 수용하는 사람이 모두 모이는 게 맞다고 생각합니다.

만약 더불어민주당이 당론으로 헌법 수호와 체제 수호를 공감하기 때문에 참여하겠다고 하면 갈 수 있는 것이지요?
물론입니다.

'우파 자유 대연합'이라는 말은 포괄적이라는 말이지요?
물론입니다.

(공소장을 제시하고)
주사파 정당과 자유우파 정당이라는 이야기가 나오며 피고인이 판세를 분석한 것은 맞는데, 대결을 주사파 정당과 자유우파 정당으로 봤습니다. 자유우파 정당이라는 간판 하에 모일 수 있는 정당들이 앞에 진술한 것처럼 더불어민주당이 될 수도 있는 것이지요?
예, 물론입니다.

주사파 정당이라고 되어 있는데, 주사파 정당이라고 대한민국에 표명한 정당이 있나요?
없습니다.

선거 판세를 분석하면서 자유우파 정당과 주사파 정당을 썼으면 어느 정당을 특정하였다고 이야기할 수 있나요, 정당이 특정되었나요?
자세한 것은 모르지만, 일단 문맥과 논리상 변호사님의 말씀이 맞다고 생각합니다. 저는 정당에 당원으로 있고, 그 외에 제가 대의원을 한 일이 전혀 없습니다.

자유우파 정당, 주사파 정당이라는 간판하에 특정되는 사실은 없지요?
예.

| 변호인 강연재 | 증인은 '우파 자유 대연합'이 힘을 합쳐야 한다는 취지의 이야기를 했다고 하였지요?
증인에게 | 예.

그러면서 자유한국당으로는 안된다고 이야기했지요?
'안 된다기보다'는 '아쉽다'고 했습니다.

다 모여서 힘을 합쳐야 한다고 이야기하였다는 것이지요?
이렇게 되면 자유한국당도 종국적으로 들어오는 것입니다.

이재오 증인도 '국민통합연대' 이야기를 하면서 '자유한국당만으로는 되지 않고 통합해야 한다. 힘을 합쳐야 한다'고 했습니다. 결론적으로 기성으로 있는 자유한국당이라는 특정 정당만으로는 안 된다는 것이 주류이고, 범자유우파 진영이 힘을 합치고 이겨야 한다는 취지의 이야기가 증인 두 명에게 나왔습니다. 피고인도 자유한국당을 콕 짚지 않고 일관 되게 우리 쪽, 자유우파, 보수 정당, 자유우파보수 정당 또는 자유한국당을 비롯한 자유우파 진영, 자유한국당을 중심으로 한 보수 정당들이라고 계속 말해왔습니다. 피고인의 선거법 위반 공소사실 중에서 자유한국당이라는 기성정당 이름을 언급한 것으로 선거법 위반 여부를 다투고 있는데, 자유한국당의 선거운동을 하고자 한 게 아니라 자유한국당만으로는 안 된다는 전제에서 유사한 단어들이 나온 것으로 보입니다. 어떻게 생각하나요?
저는 강 변호사님 설명이 그렇게밖에 해석할 수 없다고 판단합니다.

그런 취지가 공통적으로 받는 것에 대해서는 수긍을 하는 것인가요?
예, 물론입니다.

피고인도 자유한국당은 안 된다는 전제에서 활동한다고 피고인과 메시지나 대화를 할 때 그런 느낌을 받은 게 있나요?
제가 언제 어떻게 들었는지 기억이 분명하지는 않지만, 자유한국당의 황교안 체제를 가지고는 선거에서 이기기 쉽지 않다는 이야기를 적어도 한 번 이상은 들은 것 같습니다.

검찰에서는 의석수를 강조하는 질문을 하는데, 의석수가 100이든, 20이든, 200이든 피고인이 이야기한 것만으로 어떤 특정 정당을 말한 것인지 확인이 되나요?
자유우파 세력이 노력을 해야 한다는 내용을 직접 들은 바는 없지만 아마 피고인이 이러한 내용을 염두에 두고 상세하게 말하지 않았나 판단이 됩니다.

현실에 없는, 미래의 가상 자유 보수 대연합세력으로 보는 게 맞는다고 보이는데, 어떻게 생각하는가요?
저도 강 변호사님 결론에 동의합니다.

검사
증인에게

(공소장을 제시하고)
위 내용에서 보수우파와 주사파 정당과 관련해서 자유한국당을 중심으로 한 우파 정당이라고 되어 있는데, 이 말의 뜻은 우파 정당의 중심이 자유한국당이라는 것이지요?
아닙니다. 피고인이 그렇게 말씀하신 것은 들은 적이 없습니다. 제가 평상시에 아는 피고인, 그리고 제 자신이 자유우파 세력이라고 봤을 때 우파 정당에서 자유한국당을 중심에 놓고 있지 않다고 판단합니다.

증인은 신동아 인터뷰에서 황교안 대표와 자유한국당을 이야기하면서 "황 대표가 2020년 총선 승리와 강력한 대안 정치세력의 구축을 위해 보수 대통합을 제의한 데는 동의한다"고 이야기한 사실이 있나요?
그냥 말로 끝났습니다. 아이디어 자체는 나쁘지 않다고 판단해서 그렇게 이야기한 것입니다.

국회에서 200석이 가지는 의미와 3분의 1, 3분의 2 수치들에 대해서 헌법에 나와 있는 내용을 증인도 잘 알고 있지요?
그 정도는 잘 알고 있습니다.

-끝-

이재오 증인신문조서

이재오 전) 장관

5선 국회의원, 국민권익위원장, 국민의힘 상임고문을 역임하고 현재는 국민통합연대 위원장이며 건국대학교 석좌교수로 있다.

저서 <한국 학생운동사>, <이재오의 정치성찰>

변호인 이성희
증인에게

증인의 주요 경력은 어떻게 되나요?
국회의원 5번 하고, 국민권익위원장, 특임장관을 역임했습니다. 당에서는 최고위원 2번하고 원내대표도 했습니다.

증인은 2019년 6월 8일 피고인이 시국선언을 한 이후에 문재인하야범국민운동본부에 함께 했지요?
예.

증인과 피고인은 문재인 정부가 추진했던 4대강 해체 반대 운동을 함께 했지요?
예.

피고인이 4대강 해체 반대 투쟁을 할 당시에 피고인은 한기총 대표회장으로서 증인과 함께 공동위원장을 맡고 있었지요?
예.

4대강 사업은 원래 김대중·노무현 정부 시절에 추진했다고 하는데, 당시 이를 추진하게 된 배경과 그 당시에 중단된 이유는 무엇인가요?
간략하고 솔직하게 말씀드리겠습니다. 2002년에서 2006년까지 5년간 4대강 수해복구비로 22조 9,900억이 들어갔습니다. 4대강을 하는데 들어간 비용이 15조 3,000억입니다. 수해복구비가 훨씬 더 들어갔는데, 김대중·노무현 정부 10년 안에 자연재해로 사망한 사람이 1,167명입니다. 한 해 평균 117명입니다. 그래서 1999년에 김대중 정부에서 수해방지조합대책 예산을 27조로 책정했는데 이것이 유야무야됐고, 2002년 노무현 정부에서 4대강 수해방지대책으로 42조 8,000억을 책정했는데 이것도 공사 기간이 길고 예산이 많다고 하여 흐지부지되었습니다. 2006년에는 집중호우로 인해 노무현 정부에서 4대강 수해방지 시스템으로 87조 4,000억을 책정했으나 예산이 너무 많고 장기간 걸린다고 하여 흐지부지되었습니다. 결국은 김대중·노무현 정부 동안에 자연재해로 사망한 것이 1,167명, 재산피해가 19조 7,000억, 복구비가 31조 1,700억, 사망자로 말하면 연간 117명이 수해로 인해서 사망한 것이지요. 그런데 4대강 사업 이후에 사망은 연평균 4명입니다. 재산피해도 4대강 이전에는 1년에 1조 9,700억인데 4대강 이후에는 1,655억입니다. 연평균 복구비용도 4대강 전에는 1년에 3조 1,170억인데 4대강 이후에는 3,968억으로 감소하였습니다. 그래서 2008년 6월 19일 이명박 대통령이 특별기자회견을 통해서 4대강 정비 사업으로 대운하를 하려 했는데 대운하사업을 철회하고 4대강 정비 사업으로 돌렸습니다.

증인의 진술대로라면 중단된 이유는 그 당시로도 많은 인명 피해가 일어나고 피해 복구비용이 들었음에도 예산이 부족해서 못 한 것이지요?
그렇습니다. 김대중·노무현 정부에서 중단된 이유가 예산이 너무 많고, 공사 기간이 10년 정도 걸린다고 해서 김대중·노무현 정부에서는 4대강 정비 사업이 흐지부지된 것입니다.

문재인 정부 출범 이후 4대강을 해체하려는 표면적 이유는 무엇인가요?
그 이전에 박근혜 정부에서도 4대강 사업에 대해서 뒷조사를 많이 했는데 대법원에서 4대강 사업이 적법하며 별 이상이 없다는 판결을 내렸습니다. 문재인 정부에서도 4대강을 반대하는 시민단체들이 고소·고발을 하도 많이 하니까 대검찰청에서 종합적으로 4대강 검사를 했는데 별다른 피해가 없었습니다. 문재인 정부에서 4대강 보를 해체하려는 특별한 이유가 있다기보다 본인이 대선공약에 4대강 보를 정리하겠다는 공약이 있었고, 4대강 보를 반대하는 환경단체들이 끊임없이 이 보 해체를 주장하고 있기 때문인 것으로 추측됩니다. 문재인 정부에서도 보 해체를 주장하고 환경부에서 보 해체 방침을 세웠는데, 4대강 유역에 있는 농민들이 현실을 모르는 소리라며 반대 투쟁을 심하게 했고 그때 피고인과 제가 공동대표로 4대강 국민연합을 만들어 보 해체 저지 투쟁을 해서 4대강 보 해체 문제가 흐지부지되었습니다.

문재인 정부가 4대강 해체를 하는 과정은 지역 주민 등 이해관계인들의 공청회 등을 통해 공개적으로 추진한 것인가요?
아니었습니다. 공개적으로 하지 않았습니다. 환경부가 일방적으로 보 해체를 하겠다고 방침을 세우고 몰아갔는데, 4대강 보는 보 주변에 있는 낙동강, 한강, 금강, 영산강 주변 농민들의 농업용수뿐만 아니라 공장의 용수 등이 함께 관련된 것이기 때문에 전 국민의 80% 이상이 반대한다는 여론 조사가 공지되었습니다. 문재인 정부는 무리하게 보를 해체할 수 있는 동력이 없었습니다.

증인과 피고인이 4대강 해체를 반대한 구체적 시기와 핵심 이유는 무엇이었나요?
4대강 보 해체를 반대하는 주요 이유는 4대강 보가 가뭄과 홍수를 예방하기 때문인데, 4대강 보 이전과 이후의 여러 수치에서부터 이미 드러나지 않습니까. 그래서 지역 16개 보 주변 주민들이 전부 반대를 한 것입니다. 4대강 보는 이미 우리나라 산업자원이자 산업자산이 되었기 때문에 해체한다면 국가적 손실이며, 지역 주민들의 의견과 배치됩니다. '4대강 보를 해체하면 홍수와 가뭄을 예방할 수 없다'는 것이 주요 이유였습니다.

증인과 피고인이 문재인 하야 운동을 하는 과정에서 4대강이 주된 이슈가 된 이유는 무엇인가요?
저희가 4대강 국민연합을 하면서 요구한 것이 있습니다. 만약 당시 8월 말까지 정부가 4대강 보 해체를 하지 않겠다는 공식 발표가 없으면 문재인 정권 하야 투쟁으로 가겠다고 공식적으로 천명했고, 보 해체를 주장하는 환경부 장관을 비롯하여 7명의 주요 간부들을 고발했는데 끝내 환경부가 저희 요구를 들어주지 않아서 약속대로 문재인하야투쟁본부로 바꿨습니다.

문재인 정부가 국민 대다수 및 원자력 전문가 대학생들의 반대에도 불구하고 원전폐기를 하는 근거가 무엇이고, 실제 숨겨진 이유는 무엇으로 알고 있나요?
저는 원전에 대해 전문지식이 없기에 구체적인 설명은 드릴 수 없지만, 원전을 폐기하겠다는 것이 환경과 안전에 관련된 문제이지 않습니까. 그런데 현재 정부가 제기하는 위험성을 감안해서 원전을 짓고 있음에도 중단시키니까 경제적 손실이 발생하는 것입니다. 한수원에서 발표한 경제적 손실만 해도 원전 중단된 이후로 1년에 1조 4,000억이 아닙니까. 경제적 손실이 가장 크고 그 다음으로 원자력 대신 석탄 등의 에너지를 사용해야 하기 때문에 그것이 가져오는 공해와 미치는 영향이 있습니다. 또한 원자력을 태양광으로 대체하기 위해 환경부가 금지하는 태양광 설치장소를 무시하고 지은 것이 문재인 정부 들어서 922곳입니다. 그러니까 훼손된 산림 면적이 축구장 280개 크기입니다. 탈원전으로 환경문제가 더욱 심각해졌고 이번에 수해 때도 태양광을 설치한 곳에 수해가 난 곳이 전체의 약 7%가 된답니다. 탈원전이 국가적으로 나라에 재앙을 가져올 수 있다는 것이 원전 폐기를 반대하는 사람들의 주장이지요.

탈원전으로 인한 경제 문제가 문재인 하야를 주장하는 7가지 이슈 중 하나인 이유는 무엇인가요. 그만큼 중요한 사안인가요?
그렇습니다. 피고인이 문재인 정부 하야 근거로 7가지를 제시했는데, 그중에 4대강 보 해체와, 탈원전 이 두 가지는 제가 이 중 하나라도 포함해야 한다고 피고인에게 강력하게 제시해서 피고인이 제 주장을 받아들여 두 개를 포함시켰습니다.

증인은 피고인이 이승만 1948년 건국헌법이 자유시장경제, 자유민주주의, 한미동맹, 기독교입국론을 근거로 했다고 주장하는데, 들어보았나요?
평소에 늘 말씀하셨습니다.

이 내용이 사실인가요?

그렇습니다. 저도 기독교 신자이기 때문에 이승만 대통령 초기 건국 당시의 헌법 제정 과정이라든지 그 이후 국가운영 과정에서 자유민주주의 정신을 헌법적 가치로 두었다는 것은 알고 있습니다. 그리고 그 속에 기독교 정신이 있다는 것에 동의합니다.

피고인은 이승만 대통령이 만든 건국헌법의 가치를 가지는 세력을 우파라고 했는데, 알고 있나요?
그렇습니다. 알고 있습니다.

우파 개념이 여당이나 야당을 나누는 개념은 아니지요?
그렇습니다. 우리나라는 60년대 이전에도 좌우 개념이 있었습니다. 건국되고 1945년 해방 후 1948년까지 3년 동안 좌우 투쟁이 가장 심했는데, 1961년 군사정부가 들어서고 박정희, 전두환, 노태우 정권을 거치며 자연스럽게 자유 개념보다는 독재냐, 반독재냐, 민주냐, 반민주냐의 개념이 좌우 개념을 대체했지요. 1960년대 이후에는 좌냐, 우냐, 보수냐, 진보냐 이런 것이 이슈나 논쟁으로 떠오르지 않았습니다. 그리고 30년간 군사독재 과정부터 90년대 초까지 계속 민주, 반민주로 나뉘었는데 김대중 정권 때에도 좌냐, 우냐 이런 개념은 없었습니다. 노무현 정부 초기에도 이런 개념이 없었는데 노무현 정권 말기부터 운동권에서 이념 논쟁이 벌어지기 시작하면서 좌우 개념이 들어섰고, 문재인 정부 들어와서 아주 현실적으로 두드러졌습니다. 정권 담당자들이 '우리는 좌익이다', '우리는 진보다'라고 공공연하게 편향

된 발언을 하며 자연적으로 나라 안에 좌우 개념이 드러나게 된 것이지요.

(증거기록 제1236쪽을 제시하고)
피고인이 '이승만의 건국 설계도를 따를 것인가', '주체사상을 따를 것인가' 라는 표현을 쓰고 있는데, 피고인이 공소사실에 나오는 2019년 12월 2일경 '자유우파를 중심으로 뭉쳐야 한다'는 표현은 피고인이 10년 동안 지속적으로 해왔던 애국 연설 과정에서 일관된 주제였지요?
그렇습니다. 피고인은 계속해서 그 주장을 했습니다. 저는 피고인이 그 주장을 하게 된 이유가 있다고 생각합니다. 말씀드렸듯이 노무현 정부 때까지만 해도 사실 좌우 개념이 표면화되지 않았습니다. 저는 1세대 운동권인데 30년 민주화 운동 과정에서 5번 구속되어서 10여 년을 감옥에서 살고 7년을 수배 받아 도망 다닌 그야말로 골수 운동권 출신입니다. 운동권 사이에서도 노무현 정부 때까지 진보다, 보수다, 좌다, 우다, 이런 논쟁이 없었습니다.

그런데 문재인 정부 들어서서 유독 주체사상 문제가 드러났고 대통령께서 그 부분을 여유롭게 해석하는 과정에서 나라 분위기가 묘하게 진보, 보수, 좌우 논쟁으로 번졌습니다. 자연스럽게 기독교에서도 목사님들 중심으로 이 정권의 속성이 주체사상에 근거하고 있다고 하는데 이것이 피고인만의 주장이 아니라 기독교계 일반적인 주장임을 알 수 있습니다. 그런 기독교에서의 일반적인 주장을 피고인이 대변한 것이라고 봐야 합니다.

피고인은 공소사실에 나오는 '주체사상과 복음도 공유할 수 없다. 건국헌법을 설계도에 따를 것인가, 북한의 주체사상에 따를 것인가를 선택해야 한다. 그래서 복음을 지키기 위해 이승만 건국설계도에 따르는 우파를 중심으로 뭉쳐야 한다'는 표현을 한 것은 5~6개월 후에 있을 올해 4월 15일 총선을 염두에 둔 것이 아니지요?
그것은 아니며, 이는 피고인이 늘 하는 주장입니다. 또 피고인의 목소리가 크고 주장을 강하게 해서 그렇지, 일반적인 목사님들은 모두 그렇게 생각합니다. 이것이 사실이냐 아니냐를 떠나서 주장이니까 얼마든지 할 수 있지 않겠습니까.

저렇게 한 이유가 근대사왜곡, 문재인 정권의 종북화의 위험성, 4대강 파괴, 원전 파괴, 국제외교왕따, 경제 파탄 등으로부터 헌법을 지켜야 한다는 취지에서 연설을 한 것이지요?
예, 그렇습니다. 저는 그렇게 생각합니다.

2019년 12월 2일에는 황교안 대표가 4대 악법 저지 투쟁을 목표로 단식투쟁을 하였는데, 이에 대해 피고인이 격려하고자 한 말이었지요?
그렇습니다. 그 당시 나라 형편이 거대 권력을 가진 여당에 비해 야당은 황교안 대표가 있는 당 하나니까 민주화 운동, 즉 반독재 운동을 하려면 야당에 힘을 실어줘야 해서 그냥 한 소리이지요.

12월 중순부터는 피고인이 황교안 대표를 강하게 비판하고 4.15 총선까지 지속적으로 반대를 해왔지요?
그렇습니다. 야당이 국민의 요구나 국민이 생각하고 있는 것만큼 재야 투쟁을 제대로 못하니까 피고인뿐만 아니라 재야에 있는 사람들과 밖에 있는 사람들이 황교안 대표가 이끄는 당에 대해 비판하기 시작했지요.

증인은 피고인이 민주당 송영길 의원을 지속적으로 후원해온 것을 알고 있나요?
알고 있습니다. 피고인이 여야 할 것 없이 정치권 인맥을 가지고 있기에 야당 인사들만 가까운 것이 아니고, 지금 여당 인사 중에도 가까운 사람이 많습니다.

특히 민주당 소속인 김진표 의원, 송영길 의원, 기동민 의원들과도 친분을 유지하며 후원을 해왔지요?
그렇게 들었습니다.

증인은 한기총 정관에 공산주의로부터 기독교를 지켜야 한다는 내용이 있다는 사실을 들은 적이 있는가요?
직접 정관을 본 것은 아닌데 그렇게 되어 있다는 이야기는 들었습니다.

피고인은 유물론에 기초한 공산주의와 하나님을 믿는 기독교는 양립할 수

없다고 강조해왔지요?
예.

피고인이 한기총 회장이 된 이후 복음 운동을 하는 동시에 신앙의 자유를 지키기 위한 애국 운동을 계속한 것이지요?
예, 기독교 목사님들 중에서도 조금 개혁적인 성향을 가지고 있습니다.

증인은 피고인이 2019년 6월 8일부터 2019년 11월 30일까지 일주일에 2~3번 애국 집회를 해온 것을 알고 있지요?
예.

그때마다 '자유우파'를 중심으로 단결하여 헌법과 대한민국을 지켜야 한다고 주장하는 것을 자주 보았지요?
예.

증인은 피고인이 구속된 상황에 대해서 어떻게 생각하고 있나요?
제가 공소장을 본 것도 아니며 검찰에서 어떤 죄목으로 기소했는지 알지 못합니다. 물론 피고인이 듣기에 따라 정부 신경을 건드리는 발언도 했고 옛날 군사정권제로 비유하면 잡아가야 할 말씀도 하시지요. 그러나 오랫동안 재야 운동을 하고, 정치도 오래 했고, 정부에서도 있었으며 문재인 정부에 대해서 비판적인 시각을 가진 저 같은 사람 입장에서는, 정의와 공정을 주장하는 문재인 정부에서 피고인의 발언을 가지고 구속하는 것이 솔직히 이해가 되지 않습니다. 피고인이 경우에 어긋난다고 생각하면 참지를 못하는 성품이기에 좀 과격하게 말씀을 하시지요. 그래서 제가 맨날 그럽니다. "목사님 좀 목사다워야죠. 맨날 투사 같아요"라고 이야기도 합니다만, 이것을 검찰이 기소해서 재판받을 정도는 아니라는 생각입니다.

피고인 전광훈 증인에게	지금 장관님이 말씀하신 것처럼 절대 해서는 안 되는 4대강 파괴, 원전 파괴 등 그 외에도 많습니다. 저는 공동투쟁위원장으로 일하면서 대통령이 베네수엘라, 북한과 같이 국가가 국민을 한 손에 쥐는 사회주의 체제로 가려고 한다는 의심을 하게 되었습니다. 이 생각은 지금도 변함이 없습니다. 상식에 맞아야지요. 국민이 원합니까. 전문가가 원합니까. 인류의 역사에 있을 수 없는 일을 하고 있다는 말이지요. 이건 북한식 사회주의를 하고 싶어 하는 것이라고 생각합니다. 장관님은 제가 옆에서 활동하는 것을 보고 이런 생각이 드시지 않았나요? 그런 생각을 하는 분들이 많이 있습니다. 그러나 대통령이 그렇게 생각한다고 나라가 그렇게 되는 것은 아니겠지요. 그런 의심과 생각을 많이 하는 것은 사실입니다. 지금 그런 의심이 일반화되어 있는 것도 사실입니다.

검사
증인에게

증인은 과거 군사 독재정권 시절부터 노동 운동에 헌신하였고, 민중당이나 진보 정당 운동에도 참여하며 투쟁했지요?
예.

2019년 12월 23일 홍준표 국회의원과 함께 국민통합연대라는 단체를 출범시켰지요?
그렇습니다. 출범했는데 홍준표 후보는 그날 초청 손님으로 참석했습니다.

증인이 주도한 것인가요?
예, 그렇습니다.

4.15 총선을 대비했을 때 기존 자유한국당에 대한 실망감이 커져 결성한 단체인가요?
당시 그 야당으로는 희망이 없다고 생각했습니다.

이러한 단체를 설립하기 위해서는 준비 기간이 필요했을 텐데, 구체적으로 어느 정도의 기간이 필요했나요?
문재인하야범국민투쟁본부에서 10월 3일, 9일 집회하고, 10월 25일 집회하고 나서 국민통합연대를 좀 폭넓게 결성

해야 되겠다고 생각해 한두 달 준비했습니다.

2019년 10월경부터 이 단체 설립을 준비한 것인가요?
예.

당시 증인이 인터뷰한 자료를 보니, 보수우파들이 대통합해서 선거에 대응하려는 의도가 강한 것 같은데, 맞나요?
예, 야당을 이기려면 보수가 통합을 해야 하는데 지금 야당 하나로는 안 된다는 주장을 평소에 해왔습니다.

인터뷰에서 말하는 보수우파의 의미가 '자유한국당이나 대한애국당을 포함한다'라고 했는데, 기억나나요?
제가 대한애국당을 적시한 것은 아닌 것 같습니다. 자유한국당과 범보수진영이지, 대한애국당은 우리와 다른 노선이었기에 대한애국당과 연대는 몰라도 통합은 어렵다고 생각했습니다.

증인은 정관용의 시사자키라는 프로그램에 출연해서 정관용이 "큰 흐름에서 통합해야 하는 단체에 자유한국당, 대한애국당이 다 포함되나요?"라고 질문했더니 증인이 "그렇죠. 참여할 수 있는 사람들은 다 참여시키는 거죠"라고 답했는데, 어떤가요?
그렇습니다. 언급은 했지만, 방송에서 특정 정당을 묻는데 그건 빼야 한다고 말하기는 어렵지 않습니까.

국민통합연대라는 큰 흐름에 피고인의 광화문 투쟁 세력도 포함되는 것인가요?
단체는 정말 많은데, 문재인 대통령의 실정을 반대하는 모든 세력은 다 포함한다는 것이 맞습니다.

증인은 과거에 한나라당에서 원내대표를 하였고, 선거대책위원장을 하였기에 선거를 5번 이상은 치렀던 것 아닌가요?
이기는 선거만 5번이고, 지는 선거도 많이 했습니다.

민중당 때도 선거 해보았지요?
예.

당에서는 선거를 얼마 전에 준비하나요?
공식적으로는 한 1년 전부터 준비합니다.

2019년 12월경이라고 한다면 선거일로부터 한 5개월 정도인데, 각 정당이 이미 본격적으로 선거 준비를 하던 시기인가요?
준비를 해야 하는데 그 당시 야당이 준비를 제대로 못해서 늘 비판을 했습니다.

2019년 12월 무렵에는 이미 언론에도 주요 지역구 주위에 예상 후보에 대해서 지지도도 보도되고, 종로에 누가 나온다는 식의 보도도 되었지요?
예, 그렇습니다.

정관용의 시사자키에서 국민통합연대라는 단체를 소개하면서 발언한 내용을 정리하면, '자유한국당이든 어디든 자유우파가 선거에 승리해야 한다. 그러려면 대통합해야 한다'는 취지로 주장한 것으로 보이는데, 맞나요?
그렇습니다. 늘 주장하는 것이니까요.

증인이 이야기하는 자유우파 또는 보수우파의 대표적인 정당이 국민통합연대 결성 시점에는 어떤 것들이 있었나요?
자유한국당과 지금은 국민의 당인데 그 당시에는 자주 바뀌니까 한 2개 있었습니다.

피고인은 2019년 11월 23일 증인이 국민통합연대를 만들기 이전에는 자유한국당 중심으로 뭉쳐야 한다고 주장하다가 그 이후인 2019년 12월 말경에 자유한국당에 대한 실망으로 자유한국당과 결별했다고 주장하는데, 증인도 이를 알고 있나요?
맞습니다. 저는 자유한국당 중심으로 뭉쳐야 한다는 이야기를 한 적이 없고 피고인도 그렇습니다.

이런 이야기를 했을 수도 있을 것 같은데, 어떤가요?
그때 황교안 대표 단체라고 하니까 그렇게 말한 것이지만, 자유한국당이 야권의 희망을 충족시키지 못하니까 비판적인 생각을 가지고 있었던 것은 사실입니다.

그 이후에 피고인이 기독자유당과 함께 자유통일당을 창당하게 되었는데, 알고 있나요?
창당 과정은 모르겠는데 언론에서 봤습니다.

2019년 12월 23일 국민통합연대의 출범식에 피고인을 직접 증인이 초정하여 발언하도록 했지요?
예, 축사로 제가 초정했지요.

특별히 피고인을 초정한 이유가 있나요?
저와 4대강보해체저지공동투쟁위원장도 같이 했고, 당시 기독교에서 가장 개혁적인 목사님이니까 저뿐만 아니라 어떤 단체든지 피고인을 초청해서 축사를 했지요.

**정관용의 시사자키 인터뷰에서 전광훈 목사를 초청한 경위와 관련하여 증인은 '저희 국민통합연대 회원이거나 조직적으로 관계한 바는 없는데, 전광훈 목사님은 한기총 회장인 데다가 문재인하야범국민투쟁본부 총괄대표로서 10월 항쟁을 주도하였으니 저희로서는 마땅히 내빈으로 초청해서 축사를 드는 것이지요'라고 했는데, 광화문에서 피고인 중심으로 문재인 하야 투쟁을 하던 세력들도 국민통합연대의 중요한 한 축이지요?
가명 단체들이 많이 있지요.

피고인의 발언에 대해서 "늘 하는 소리이고, 그냥 하는 소리"라고 평가했는데, 피고인이 정치적, 사회적으로 영향력이 없다면 굳이 이런 단체 출범식에 초청해 발언을 요청할 이유가 있나요?
아니지요. 피고인은 사회적 영향력이 있습니다. 더구나 반문재인, 반정부 투쟁을 하는 개인이나 세력들에 대해서는 피고인의 영향력이 있습니다.

피고인이 어떤 말을 하면 그냥 하는 소리 정도로 평가하고 넘길 사람은 별로 없는 것이지요?
제가 말하는 '그냥 하는 소리'라고 하는 것은 특별히 황교안 대표의 자유한국당에 어떤 힘을 실어준다든지 의식을 가지고 하는 말이 아니고 "야당 중심으로만 해야 한다"는 이야기를 늘 한다는 것입니다.

2019년 12월 2일에 '내년 4월 15일 200석을 안 하면 그날 우리는 끝장난다'며 200석에 대해서 지역별 논쟁을 했고, '서울, 경기 수도권 122석 중 22석은 날리고 100석은 자유우파연대'라는 취지의 발언을 했습니다. 이어서 12월 5일에도 '이제 모든 싸움은 4월 15일에 결정된다. 총선에서 자유우파

연대 정당들이 합쳐서 200석을 얻어야 한다. 부산시민들에게 서울에 연락하여 애들 설득하라'고 했는데, 이러한 내용으로 피고인이 기소되어 있습니다. 증인은 원내대표로서 또는 선거대책위원장으로서 선거를 치르면서 이 정도의 발언을 해본 사실이 있나요?
저야 정치인이니까 그보다 더 구체적인 발언도 합니다.

선거운동 기간 이전에 이 정도의 발언을 한 사실이 있나요?
그럼요, 저야 정치인이고 당인이니까 그보다 더 구체적인 발언도 하는데, 피고인이 저렇게 발언한 것은 피고인의 혼자 생각이고 저게 현실로 되거나 실현성이 있는 것은 전혀 아닙니다. 다만 그만큼 야당이 단합되어야 한다는 뜻이었겠지요.

증인도 피고인과 비슷한 시기에 구체적으로 이 정도에 발언을 이번에 해본 적이 있나요?
저야 그보다 더 구체적인 발언도 합니다. 저야 당인이고, 정치인이니까 제가 당의 고문이니까 저야 무슨 이야기든지 합니다.

대중적인 장소에서 이러한 발언을 한 적이 있나요?
예, 대중적인 장소에서 발언하지요, 술집에서 이야기하나요.

증인이 이와 같은 말을 했다는 내용은 없는데, 어떤가요?

발언 내용이 기록되려면 기록에 남을 정도로 이야기하거나 방송에서 이야기해야 해야겠죠.

방송에서는 왜 하지 않았나요?
방송에서 그런 이야기를 구체적으로 해봤자 소용이 없잖아요.

선거법에 위반된다고 생각하는 것은 아닌가요?
저야 당의 원내대표인데, 제가 선거법 위반될 일은 없지요.

방송에서도 인가요?
예, 그렇습니다. 그게 선거법 위반될 일입니까.

변호인 정진경
증인에게

증인은 피고인에 대한 공소사실을 잘 모른다고 했는데, '자유한국당을 비롯한 자유우파 정당을 지지해달라는 취지의 발언을 했다'는 것이 요지입니다. 증인이 경험하기로 독재시절을 포함하여 '자유우파 정당을 지지해 달라. 좌파 정당을 지지해달라'라는 것으로 기소되고 처벌받은 것을 몇 번 봤나요?

저는 못 봤습니다.

과거 박정희나 전두환 독재 시절에도 이런 것을 본 적이 없나요?

그렇게 할 수가 없지요. 제가 말씀드렸지만 법적 잣대로 기소하고 재판받고 그럴 사안이 아니라고 생각하고 있습니다. 그 정도 발언 가지고 재판받는 것은 정치하면서 처음 봤습니다.

자유민주주의 국가에서 어느 정당이 좌파를 지지해달라는 얘기로 처벌하는 것이 우리 헌법구조에 맞나요?

헌법구조까지는 제가 모르겠습니다마는 그런 일이 없지요. 누구든지 그런 이야기를 하지요.

Ⅱ. 위대한 증언들　　　　　4. 이재오 증인신문조서

증인은 전혀 본 적이 없다는 것이지요?
그런 것 가지고 기소된 것은 제 상식으로 처음입니다.

변호인 고영일
증인에게

피고인 공소사실에 나온 연설은 총선을 앞두고 한미동맹 파괴, 경제 파탄, 안보 파괴, 4대강 파괴, 국제외교왕따, 사회주의화, 헌법개정 이런 부분 때문에 피고인이 청와대 앞에 텐트를 치고 이런 주장을 하니까 증인도 여기에 동조했던 것이지요?

그렇습니다. 제가 말씀드렸지만, 저는 4대강 보 해체 저지와 탈원전, 이 두 가지를 제가 직접 이야기해서 피고인이 받아들였기 때문에 같이 하지 않을 수가 없지요.

증인은 4.19 혁명세대 맞나요, 그때도 반독재 투쟁했던 것이 맞나요?

물론입니다. 저는 4.19 때 고등학교 3학년이었습니다.

군사독재 시절에 민주화 세력에도 있었지요?

예.

현재 자유우파 개념을 대답할 때 자유우파는 민주화 세력이나 독재 세력에 있었던 사람과 관계없이 현재 대한민국 헌법을 지키려는 사람들을 이야기하는 것이 맞나요?

그렇게 보는데, 자유우파다, 범보수다 이런 용어가 노무현 정권 때까지도 없었습니다. 문재인 정부 들어서면서 나온 용어이지요.

지금 우파는 과거 민주화 세력도 있고 최근 주사파에 반대하면서 자유민주주의 대한민국 헌법을 수호하려는 세력이라고 보면 되나요?
예, 그렇습니다.

자유우파를 중심으로 대통합하자는 피고인의 진술은 열린우리당이나 자유한국당이나 대한민국 헌법을 지키고 한미동맹, 경제 파탄을 막고, 원전을 지키고, 4대강 보를 지키고, 국제외교에서 제대로 우리나라를 바로 세우고 사회주의 개헌을 반대하는 세력들을 중심으로 뭉쳐야 한다는 이야기로 이해하면 되나요?
예, 그렇습니다.

검사	피고인이 기독자유당, 자유통일당을 후원하는 것으로 알고
증인에게	있다고 했는데, 구체적으로 어떻게 후원하는지 아나요?

구체적인 내용은 모르겠는데, 피고인이 그렇게 말을 했습니다.

피고인 스스로 그런 말을 했다는 것인가요?
예.

당 지지 선언과 관련하여 유죄판결을 받은 사례가 있는 것에 대해서는 모르고 있다고 이야기했지요?
어디 당을 지지하라고 해서 기소되고 재판받고 그런 내용은 모른다는 이야기입니다.

증인이 모든 판결사례를 알고 있는 것은 아니지요?
예, 물론입니다. 제가 다 알고 있는 것은 아니지만, 제가 알고 있는 상식에서는 그렇습니다.

피고인이 과거에 창당해서 선거에 참여한 적이 있다는 것을 증인은 알고 있나요?
그것은 알고 있습니다.

Ⅱ. 위대한 증언들   4. 이재오 증인신문조서

선거에 2번 정도 참여하였지요?
그거는 제가 잘 모르겠는데, 기독당을 통해서 선거에 참여한다는 이야기는 들었습니다.

피고인이 기독자유당이나 기독당 지지호소를 하다가 유죄판결 받은 사례가 있는데, 들어본 적이 있나요?
그것은 못 들었습니다.

| 피고인 전광훈 | 기독당은 조용기 목사와 김준곤 목사가 만들어서 지지한 당이고, 저는 그 당에 후원회 회장이었지요?
| 증인에게 |

피고인 전광훈 증인에게

기독당은 조용기 목사와 김준곤 목사가 만들어서 지지한 당이고, 저는 그 당에 후원회 회장이었지요?
예, 그렇습니다. 기독당을 피고인이 만들었다고 들은 게 아니고 그런 당이 있다는 것을 들었다는 이야기입니다.

국민통합위원회를 창당했을 때 제가 축사를 했는데, 저는 거기에 안 들어갔지요?
예, 그렇습니다.

제가 한기총 대표 회장이니까 여러 시민단체나 정당 모임에서 초청을 해 축사한 것이지, 특별히 장관님이 말씀하신 그곳만 간 것이 아니지요?
예, 그렇습니다.

재판장 증인에게	증인이 국민대통합연대를 창당한 시기는 언제인가요? 2019년 12월 23일에 결성했습니다. 2019년. 10월경부터 있었던 문재인하야본부를 이어오는 과정 중에 기존 야당을 믿어서는 안 된다고 생각해서 2019년 12월에 창당했다는 것인가요? 예, 그렇습니다.

-끝-

김승호 증인신문조서

김승호 목사

아시아중앙교회의 담임목사이다. 수년간 청교도영성훈련원 전국지역모임의 대표로 활동하였으며, 현재는 대한민국바로세우기국민운동본부의 대표를 맡고 있다.

변호인 이성희
증인에게

증인은 목사로서 대한민국바로세우기국민운동본부(이하 '대국본'이라고 함)에서 2004년경부터 현재까지 16년 동안 대국본의 대표로 일을 해왔지요?
예, 그렇습니다.

대국본은 공소장에 기재된 2019년 12월 2일, 5일, 7일,

9일 모든 집회를 다 신고하였지요?
예, 그렇습니다.

대국본이 최초 설립된 1997년에는 전광훈 목사가 총재로, 그리고 증인이 대표로 되었다가 2004년도에 정관이 변경되면서 증인이 총제 겸 대표로 변경되었지요?
예.

대국본의 사무실은 전광훈 목사가 담임목사로 있는 사랑제일교회인 서울시 성북구 돌곶이로 27가길 21에서 2012년부터 사무실을 쓰고 있었지요?
예, 그렇습니다.

교회 교육관과 교회 본당도 함께 사용해왔지요?
예.

실제로 증인이 강북세무서에 임대차계약서를 체결하여 고유번호증까지 발급받은 사실이 있지요?
예, 그렇습니다.

당시 전광훈 목사는 복음전파와 예수한국 복음통일을 목표로 하여 목회자들을 대상으로 한 청교도영성훈련원을 설립해서 운영해왔지요?

예.

증인은 1990년 전광훈 목사가 부흥강사로 인도한 경남 양산에 위치한 감림산기도원 집회에서 전광훈 목사의 성령세계 및 자유민주주의, 자유시장경제, 기독교 입국론에 기초한 애국 운동 메시지에 감동을 받아 지난 30년 이상 함께 동역을 해왔지요?
예, 그렇습니다.

[증 제52호증의 1 정관(대국본)을 제시하고]
이것이 증인이 만든 대국본 정관이지요?
예, 그렇습니다.

정관의 목적을 보면 '복음에 기초한 대한민국의 자유민주체제의 수호와 신앙의 자유 수호를 통한 하나님의 지상명령인 민족복음화와 세계선교의 달성을 목적으로 한다'라고 되어 있는데, 대국본은 설립 당시부터 기본적으로 자유민주주의 체제를 규정한 대한민국 헌법을 지키는 운동과 유물론을 따르는 공산주의로부터 기독교 신앙을 지키는 운동을 진행해왔던 것이지요?
예, 계속 진행해왔습니다.

대국본은 2000년 이후부터 본격적으로 애국, 계몽 집회를 전국적으로 하여 1년에 120회, 한 달 기준 10회, 1주 기준 2회 정도의 집회를 개최해왔지요?

예, 그렇습니다.

그래서 2020년 현재까지 총 2380회의 애국 집회를 해왔지요?
예.

대국본은 결국 공산주의의 공격으로부터 대한민국의 헌법의 가치인 자유민주주의체제 수호를 목적으로 하여 이와 같은 전국적인 집회와 교육을 해왔던 것이지요?
예, 그렇습니다.

특히, 전광훈 목사가 대표회장으로 있는 한기총은 1988년도 영락교회 한경직 목사, 여의도순복음교회 조용기 목사, CCC대표 김중권 목사님이 공산주의로부터 기독교신앙을 지키기 위해서 설립되었던 것이지요?
예, 그렇게 설립된 것으로 알고 있습니다.

한기총의 기본 입장은 기독교와 무신론에 기초한 공산주의는 양립할 수 없기 때문에 자유로운 신앙생활을 위해서도 한기총의 대표회장이 된 전광훈 목사는 더욱더 대한민국의 헌법에 규정된 자유민주주의, 자유시장경제 수호 운동을 하게 된 것이지요?
예.

[증 제51호증의 1 내지 34(각 집회사진)을 제시하고]
위 집회는 수많은 일반인을 대상으로 한 것이지요?
일반인도 있었고, 목회자들도 있었습니다.

전광훈 목사가 설립한 청교도영성훈련원은 한기총 소속 단체이지요?
예, 그렇습니다.

전광훈 목사는 청교도영성훈련원 원장 자격으로 한기총 회장에 출마하였지요?
예.

청교도영성훈련원은 목회자를 대상으로 한 것이지요?
예, 그렇습니다.

증인이 대표로 있는 대국본은 일반인을 위한 복음 운동과 애국 운동을 하였지요?
청교도영성훈련원에서 훈련받은 목회자들이 일반인에게 나라를 지키는 일을 가르치고 계몽하기 위해서 훈련해왔고, 전광훈 목사님이 25대, 26대 한기총 대표회장으로 계시면서 역대 회장님들 대비 애국 운동을 가장 열심히 해 왔으며, 한경직 목사님이 세우신 공산주의로부터 나라와 교회를 수호하는 일에 가장 열심히 해 오신 분입니다.

[증 제51호증의 1 내지 34(각 집회사진)를 제시하고]
이것이 2010년 2월 8일 대국본에서 한 집회이고, 그다음 대전 계룡스파에 모여서 조찬을 하였으며, 그다음 3월경 그랜드호텔에서 집회를 하였습니다. 그리고 울산 지역 가두시위를 했고, 국회도서관에서도 했으며, 세종문화회관 세종홀에서도 했고, 전국장로연합회 하계수련회에서도 해왔습니다. 또한, 2011년 8월 15일에는 서울시청 광장에서 대규모 집회를 해왔고, 양수리수양관에서도 3,000명이 모이는 엄청난 집회를 해왔으며, 장충체육관에서도 집회를 했습니다. 뿐만 아니라 63빌딩 컨벤션에서도 하고, 연세중앙교회에서 1만 명의 목회자를 모아놓고 한 경우도 있고, 경북지도자 집회를 하였으며, 여성지도자 집회, WEC 차별 금지법, 여기에도 종북척결이라는 단어가 나오고 있습니다. 그리고 2014년경 대명비발디파크, 실촌수양관에서도 이러한 집회를 하였으며, 수원순복음교회, 하이원리조트, 대명비발디파크, 서울시청 광장모임, 2016년도 및 2017년도 광화문 집회, 2018년도 롯데호텔, 2018년 3·1절 집회까지 이러한 대규모 집회를 해왔지요?
예, 그렇습니다. 수도 없이 크고 작은 애국 집회를 해왔습니다.

주요 집회로는 1만 명이 모인 금란교회 집회와 2005년 6월 6일 광화문 집회 등의 대중 집회가 있지요?
예.

이와 같은 큰 대중 집회는 대국본에서는 당일 헌금과 기부금, 사랑제일교회

특별 헌금으로 집회경비를 충당해왔지요?
예, 그렇습니다. 피고인은 헌금이 나라를 살린다고 목숨을 건 특별헌금도 하시면서 집회를 다 해 오신 것입니다.

그래서 대국본과 전광훈 목사는 공산주의의 위협으로부터 대한민국 헌법을 지키고자 하는 개인, 단체, 정당을 모두 우파라고 지칭하였지요?
예.

실제 김대중 전 대통령의 국정상황실장을 했던 민주당 출신의 장성민 의원, 민주당 대표로 출마했던 송영길 의원, 민주당 김진태 의원도 대한민국의 헌법을 지지한다고 해서 적극적으로 지지를 해주었지요?
예.

전광훈 목사가 2010년부터 2018년도까지 강연한 주제는 '1) 미국이 1945년 8월 6일 히로시마, 8월 9일 나가사키에 원자폭탄을 떨어뜨린 이후에 일본이 항복하면서 해방이 되었다. 2) 한국은 북쪽은 김일성, 남쪽은 이승만을 선택하였고, 이후 북한은 공산주의 체제, 남한은 자유민주주의 차제를 한 이후에 대한민국은 축복을 받아 세계 10위의 경제대국이 되었으며, 이에 비해서 북한은 가장 처참한 국가가 되었다. 3) 이승만 대통령은 4대 기둥 자유민주주의, 자유시장경제, 한미동맹, 기독교입국론에 기초한 헌법을 만들었다. 4) 그런데 북한의 주사파와 남로당의 박헌영의 잔재가 남아

끊임없이 대한민국 헌법에서 자유를 제거하고 공산화를 시도하고 있다. 5) 공산화가 되는 데 걸림돌이 되는 기독교를 약화시키고 탄압시키고 있다. 6) 대한민국 건국을 부정하고 한미동맹을 약화하고 있다. 7) 대한민국을 지키고 기독교를 지키기 위해서는 국민의 역사의식이 깨어 있어야 한다'라는 것이었지요?

30년 동안 그 말씀을 해오셨습니다. 그래서 나라를 지키고 교회를 지키고자 하셨습니다.

전광훈 목사와 대국본은 자유민주주의, 자유시장경제에 기초한 헌법을 지키려고 하는 개인, 정치인, 시민단체를 우파, 특히 자유우파라고 규정하고 지지했지요?

예.

전광훈 목사와 대국본의 교육과 강연을 통해 수많은 국민이 역사를 알게 되어 2018년까지 수천 회 대규모 집회를 한 것이지요?

예.

그러던 중 증인은 2016년경 췌장암 판정을 받아 여러 번 수술했고, 병원에 2년 넘게 입원하게 되어 대국본의 실질 업무를 김대안 목사에게 맡기게 되었지요?

예, 잠깐 맡긴 적이 있었습니다.

전광훈 목사는 증인이 대표를 맡고 있는 동안 대국본에서 구체적인 타이틀과 지위를 가지고 있지 않았지요?
예.

전광훈 목사는 대국본이 주최하는 집회에서 주요 애국 운동 및 대한민국 역사에 대한 메인 강사로 활동하였던 것이지요?
예.

실제로 청교도영성훈련원 소속 목사들 다수가 대국본에서 활동했지요?
예, 그렇습니다.

전광훈 목사는 실제로 사랑제일교회 담임목사 자격이 아닌 한기총의 회원인 청교도영성훈련원의 원장자격으로 한기총 회장 출마를 한 것이지요?
예.

그래서 2019년 1월경 한기총 회장이 되었으며, 2020년 1월경 다시 회장으로 연임되었지요?
예.

증인은 전광훈 목사가 2019년 6월 8일 7가지 주제를 근거로 '대한민국이 망했다'라고 시국선언을 하고 동시에 청와대 앞에서 단식을 시작한 것을 알고 있지요?
알고 있습니다.

그 당시 전광훈 목사가 발표한 7가지 주제는 '1) 한미동맹이 파괴, 2) 소득주도 경제성장으로 인한 경제 파탄, 3) 국군무장해제, 4) 원자력 폐기, 5) 4대강 보 해체, 6) 국제외교 왕따, 7) 문재인 대통령의 공산주의 사상'이라는 것이었지요?
예. 그리고 고려연방제, 한 번도 경험해보지 못한 이상한 나라를 만들어가고 있는 것 때문에 분개하셨습니다.

그래서 대국본이 주도한 2019년 8월 15일 집회는 300만 명이 넘는 인원이 참여하여 성황리에 개최되었지요?
예.

전광훈 목사가 2019년 6월 8일 시국선언을 한 계기에 대해서, 증인은 전광훈 목사로부터 "기도 중에 나라가 망했다는 짧은 음성을 들었다"라는 이야기를 들었지요?
예.

그 음성을 들었을 뿐만 아니라 전광훈 목사는 국제 분야 전문가인 이춘근 박사, 특임 장관을 했던 이재오 장관, 주사파 출신이었던 이동호 교수, 국민연금관리공단이사장 최광 장관, 김문수 경기도지사, 신원식 수도방위사령관에게 "진짜 대한민국이 망했냐, 공산화되고 있느냐"라고 질문하였고, 그분들로부터 전문 조언을 듣고 그분들이 맞다고 해 본격적으로 시국선언과 함께 생명을 건 단식투쟁을 하게 된 것이지요?
예, 확인하고 그렇게 하신 것 같습니다.

전광훈 목사의 단식투쟁과 시국선언에 함께 하는 국민이 늘어나 2019년 8월 15일에는 100만 명이 넘게 참여하였지요?
예.

작년 9월 9일 전광훈 목사는 대국본이 중심이 된 기독교를 포함하여 불교, 천주교는 물론 260여 개의 시민단체와 함께 '문재인하야범국민투쟁본부'를 결성하게 되었지요?
예.

이후 2019년 10월 3일에 최초로 광화문 집회를 광범위하게 개최한 것이지요?
예.

이때는 이 단체가 선거를 목적으로 한 것은 아니었지요?
선거 목적이 아니고 나라를 살리는 것이 목적이었습니다.

그래서 2019년 9월 9일 설립된 범투본은 기존에 전광훈 목사가 주도한 대국본의 메시지와 동일하게 자유민주주의와 자유시장경제에 기초한 헌법을 지켜야 하고, 대한민국을 공산세력으로부터 지키기 위해서 기독교는 물론 불교, 천주교 등 모든 시민단체가 하나로 뭉치게 된 것이지, 2020년 4.15 총선을 목적으로 만든 단체는 절대 아니지요?
예, 절대 아닙니다. 나라를 살리는 운동 때문이었지 정치 운동이 아닙니다.

[증 제49호증 2019년 10월 3일 자 광화문 집회 영상, 증 제50호증의 1 내기 13 광화문 집회 사진을 각 제시하고]
당시 전광훈 목사가 중심이 된 2019년 10월 3일 광화문 집회는 300만 명 이상이 운집하여 단군 이래 최대 집회라는 평가를 받았지요?
예.

전광훈 목사는 위 집회를 통해 국민혁명의장으로 추대되었던 것이지요?
그렇습니다.

이때 모인 분이 총선을 위해 무엇을 하자고 한 적은 없지요?
없습니다. 나라를 살리기 위해서 각 시민단체와 모인 분들이 의장으로 선출한 것이지 본인 의지로 된 것도 아니고, 원하지도 않으십니다. 몸도 불편하셨으니까요.

[증 제50호증의 1 내기 13 광화문 집회 사진을 각 제시하고]
위 사진이 10월 3일 집회를 위에서 찍은 사진이지요?
예.

위 사진은 10월 9일 집회 인파 사진이지요?
예.

위 사진은 10월 30일 낮에 모인 사진이고 이때는 최초로 금요일, 토요일 1박 2일로 철야 기도를 했지요?
예, 그렇습니다.

그리고 2019년 10월 25일에는 전광훈 목사 주도하에 성령의 나타남이라는 주제로 1박 2일 철야 성령 집회를 하였지요?
예.

[증 제50호증의 1 내지 13 각 광화문 집회 사진을 제시하고]
위 사진 속 집회는 11월 9일, 11월 16일, 11월 23일, 11월 24일, 11월 30일에 개최한 집회이지요?
예.

이는 전광훈 목사가 주도한 8월 15일 집회 및 10월 3일 집회 사진들인데, 이러한 집회는 4.15 총선을 염두에 둔 것이 아니라 자유민주주의 및 자유시장 경제를 파탄하고, 낮은 단계 연방제를 추진하는 문재인 대통령의 하야를 목적으로 하는 국민투쟁운동이었던 것이지요?

예.

2019년 11월 30일까지는 문재인 대통령 하야 운동도 있었지만 조국 법무부장관 퇴진 운동, 3대악법인 공수처법, 검경수사권조정법, 선거법 통과를 저지하기 위한 운동에 총력을 다 하던 시점이었지요?

예.

그런데 2019년 11월 말경 황교안 대표가 전광훈 목사와 범투본이 진행하던 3대 악법 저지를 위해서 청와대 사랑채 앞에서 단식투쟁을 하였지요?

예.

전광훈 목사는 황교안 대표의 단식투쟁을 지지하면서 공소사실 1-가항, 나항, 다항에 있는 12월 2일, 5일, 7일, 이 부분에 대해 집회연설 중에 황교안 대표를 지지하였던 것이지요?

예.

황교안 대표가 대한민국 헌법을 지키고 가겠으며, 목숨을 던진다고 하여 지지했다는 것이지요?

II. 위대한 증언들   5. 김승호 증인신문조서

그렇습니다.

증인은 건강 때문에 모든 지방 집회는 참석하지 못하였지만 12월 2일 공소사실 1의 가항 구리집회, 나항 12월 7일 광화문 집회에 직접 참석하였지요?
예, 대전 집회도 참석했습니다.

건강상 나머지는 집회는 대전 행사준비를 해주고, 유튜브를 통해서 집회에 참여하였지요?
예, 멀리 있는 집회는 참석을 못 하고 유튜브로 참석했습니다.

그 당시 12월 2일, 5일, 7일, 9일 모든 집회가 이전 강연과 똑같은 강연이었나요?
똑같습니다.

심지어 12월 30일에는 전광훈 목사가 민주당에도 주사파만 제거하면 지지하겠다는 발언까지 한 것을 알고 있는가요?
알고 있습니다.

전광훈 목사는 2019년 12월 중순경 이후에는 황교안 대표가 3대 악법 저지 투쟁에 소극적이라는 이유로 그때부터 맹렬히 비판하고, 이후에는 자유한국당 자체를 비판하였지요?

예, 그렇습니다. 애국 운동을 하시다 보니까 덕담을 하시는 경우가 많습니다. 교회는 위로받기를 원하고 소망을 얻기를 원하는 분들이 많이 찾아옵니다. 예를 들면, 김문수 전 경기도지사 같은 분이나 차명진 의원 같은 분들이 때를 기다리면서 교회를 왔는데 목사님께서 그분들에게 위로와 소망을 주기 위해서 말씀하신 것이지, 어떠한 정치적 목적으로 말씀하신 적이 한 번도 없습니다. 황교안 대표도 그 추운 겨울에 청와대 분수대 옆에서 텐트도 없이 목숨 걸고 금식한 것 때문에 위로차 가신 것이고, 그렇게 결단하신 모습이 보기 좋아서 목사님이 덕담을 하신 것이지 정치적 목적을 가지고 지지한 것은 아닙니다. 전광훈 목사님은 성령의 능력이 있으셔서 하나님께서 황교안은 대통령이 될 그릇도 아니고 안 된다는 것을 알고 계셨습니다. 하나님이 안 된다고 하셨는데 사람이 어떻게 하겠습니까. 정치적 목적을 가지고 지지를 하신 것이 아니고, 어렵게 금식을 하고 있으니까 위로 차 소망을 주시려고…. 그리고 혹시라도 나라를 살리는 결단력이 있을까봐 가셔서 위로해주시고 모인 회중들 앞에서, 이승만 광장이나 교회 또는 지방 집회에서 그렇게 말씀하신 것이지 정치적인 목적을 놓고 하신 것은 아닙니다. 존경하는 판사님께서는 잘 알아주셨으면 합니다.

전광훈 목사가 황교안에 대한 2020년 4.15 선거에 대한 지지를 목적으로 했다면 며칠 지나지 않아 황교안 대표를 강력하게 비판할 수는 없는 것이지요?

그렇습니다. 그리고 3대 악법, 공수처법, 연동제인지 연꽃제인지 비례대표 그것과 검경수사법 조정하는 것을 황교안 대표가 못해냈잖아요. 그 후로는 전광훈 목사님이 황교안 대표를 지지한 것이 아니라 맹렬하게 비난을 하신 것입니다.

[증 제48호증 불기소이유고지서를 제시하고]
이것은 조금 전 증인으로 나왔던 김용민이 교회에서의 전광훈 목사 발언을 모니터링 하다가 고발했는데 무혐의를 받은 내용입니다. 위 내용을 보면, 2019년 5월 5일 전광훈 목사가 사랑제일교회에서 설교하면서 김문수 지사를 "김문수 지사님, 다음에 꼭 종로구에 국회의원 나가서 임종석을 딱 꺾어버리고 국회의원 한 번 하십시오. 내가 세게 기도해드릴게요. 그렇게 우리 지사님이 결정만 하시면 우리 교인 전체가 매주 종로에 가서 선거운동해서 꼭 당선되도록 한 번 하자고요. 어디 빨갱이 같은 놈이 거기서 국회의원을 하고 난리야"라고 발언하였습니다. 그것을 김문수 당선, 임종석 낙선 사전선거운동이라고 고발하였고, 2019년 6월경에는 설교하면서 송영선 전 국회의원에 대해 "송영선 의원님이 일본 여자 이야기하니까 감정이 북받쳐 온다. 저런 사람이 국회의원이 되어야 한다. 왜 엉뚱한 사람이 국회의원하고 난리야. 송영선을 국회로 보냅시다. 동의하십니까? 박수합시다"라고 발언한 사실로 고발당했습니다. 증인은 전광훈 목사가 이러한 발언을 한 것을 알고 있나요?
알고 있습니다.

여기에 대해서 검사님이 불기소를 하면서 특정 선거에 특정 정당 또는 특정 후보를 당선 또는 낙선 목적으로 해야 된다고 하였고, 단순한 의견개진 및 의사표시, 선거를 위한 준비행위, 명절·석탄절·기독탄신일 등에 하는 의례적 인사말을 문자메시지로 전송하는 것은 선거운동에 해당하지 않는다고 하였습니다. 그러면서 2009년 5월~6월은 선거일로부터 약 10~11개월 전이고, 발언 당시 후보나 정당이 출마 의사를 표명한 상태도 아니었으며, 객관적으로 출마가 예상되는 상황도 아니었다고 판단하였습니다. 특히 설교 내용을 보면 83분 설교 중 30초이고, 차명진 의원과 6월 15일 이야기 같은 경우에는 103분 중 30초 정도의 짧은 이야기였습니다. 그리고 4월 20일 예배에 참석한 기동민 더불어민주당 소속 의원을 교인에게 소개하면서 "내년 국회 선거운동 즉, 2020년 4.15 선거에는 꼭 당선되어야 한다. 나중에는 대통령이 되어라"라는 발언했는데, 이것이 덕담이지 않나요?
예, 그렇습니다.

이러한 이야기를 한 것이 전부 다 소속 교인이나 정치인들에 대한 덕담, 의례적인 인사말을 했다고 하여 불기소한 내용입니다. 증인은 이러한 내용도 잘 알고 있나요?
알고 있고요. 19대 총선 때는 제가 열심히 일하는 것을 보시고 전광훈 목사님이 "김승호 목사도 비례대표 국회의원 한 번 해라"라고 하셨는데, 그때 위로가 되고 소망이 되었습니다.

덕담을 하였다는 것인가요?
예, 그렇습니다. 그렇다고 제가 국회의원 할 그릇은 안 되지요.

증인은 평소 전광훈 목사가 자신의 애국 운동에 지지하는 사람들에 대해서 감사 표시와 아울러 목사로서 신앙적 축복의 말씀을 하는 것을 여러 번 본 사실이 있지요?
예, 계속 들어왔습니다.

송영길 의원 같은 경우에도 성경을 가르치면서 축복을 계속 했었던 것을 알고 있지요?
알고 있습니다. 목사님은 나라를 지킨다는 사람만 있으면 야당이든 여당이든 가리지 않고 도와주셨습니다. 나라를 사랑하는 마음이 너무 크시니까요.

전광훈 목사는 대한민국 헌법을 수호하고 대한민국 애국 운동에 도움이 된다고 판단되는 사람들에게 당과 상관없이 설교 중에 축복의 말씀을 덕담으로 하는 것은 늘 있었지요?
예, 전광훈 목사님께서는 김진태 의원도 자랑하고 칭찬하셨습니다.

결국 문제된 사건은 2019년 12월 2일, 5일, 7일, 9일로 4번이고, 일주일 사이에 벌어진 일입니다. 황교안을 중심으로 자유우파를 뭉치라는 말도 결국은 2530회, 지난 20년간 전광훈 목사가 일관되게 하였던 애국 운동, 특별히 한기총 정관에 규정된 공산주의로부터 신앙을 지켜야 한다는 그 운동과 같은 맥락이었지요?
애국 운동의 근본은 언제나 변함이 없었고요. 그 형편에 따라서 조금씩 내용이 바뀌기는 하였지만 그 4가지 근본은 바뀐 적이 없습니다.

그래서 황교안 대표에 대해 감사 표시나 지지를 한 것으로 알고 있는 것이지요?
예.

공소장에 '자유우파 정당'이라고 이야기한 것이, 전광훈 목사가 이야기한 대한민국 헌법을 지키는 정당이 자유우파 정당이고 자유민주주의, 자유로운 시장 생활을 보장하는 정당과 개인을 자유우파라고 지칭하는 것이지요?
예.

주사파 정당은 민주당에도 주사파 의원이 있을 수 있고 주사파 아닌 의원이 있을 수 있으며, 자유한국당에도 주사파 의원이 있을 수 있고 없을 수 있는 것이지요?
맞습니다.

전광훈 목사가 강연하는 것을 보면 항상 '민주당 내에서도 주사파만 빼면 내가 지지하겠다'라고 하였고, 자유한국당도 헌법을 지킬 수 없으면 맹비난을 하였지요?
예, 언제나 그러셨습니다.

증인인 대국본 대표로서 20년간 지켜봐 왔는데, 이 고소장 내용에 대해서 마지막으로 하고 싶은 말이 있나요?
국가, 가정, 종교단체, 사회단체 이러한 것들이 국가가 만든 법 안에서 살아 가지만 최고의 법은 사랑입니다. 사랑이 없으면 아무것도 아니니까요. 전광훈 목사님께서는 고등학교 때부터 나라를 사랑하는 마음을 하나님이 주셔서 그 마음을 오늘까지 키워 오신 것입니다. 30년 가까이 2380회가 넘도록 애국 집회를 해오시고, 교회는 비가 다 새고 엉망인데도 300억 원이라는 돈을 아끼지 않고 나라를 살리는데 쓰셨습니다. 지금은 소천하시고 안 계시는 자당께서 주말에 피곤해서 들어오시는 목사님을 보시고 하시는 말씀이, "아이고, 이 어리석은 놈아, 그런다고 밥이 생기냐. 돈이 생기냐. 네 마누라 좀 돌보고 네 자식 좀 돌봐라"라고 하시면서 혀를 차셨습니다. 안타까워 하셨지요. 그러나 한편으로는 그런 목사 자녀를 자랑스러워하시기도 하셨습니다. 저분은 사랑의 원자탄입니다. 한국을 사랑하고 한국교회를 사랑하십니다. 그리고 요즘은 하시는 말씀이 모든 국민이 사랑스럽다는 것입니다. 너무 사랑스럽다는 것입니다. 주사파마저도 사랑스럽다는 것입니다. 문재인 대통령을 미워하는 것이 아닙니다. 나라를 잘못 이끌어가기 때문에 이렇게 하시는 것이지 이 나라가 자유민주주의 체제하에 있다면 이분은 여기 와서 이렇게 재판을 받고 있을 분이 아닙니다. 가슴 속에 찬 사랑의 불을 온 나라에, 온 아시아에, 온 세계에 불태우고 계실 분이지 여기 와서 재판을 받고 계실 분이 아니라는 것을 꼭 알아주셨으면 합니다. 현명하신 재판장님께서 잘 판단하셔서 전광훈 목사님의 가슴에 가득 차 있는 사랑의 불을 이 땅에 펼칠 수 있도록 기회를 주십시오, 대국본 대표로서 또 오늘 증인으로서 간절히 부탁을 드립니다. 꼭 좀 선처해주십시오.

변호인 이명규	[증 제47-1호증 2019년 11월 30일 집회 동영상을 제시하고]
증인에게	위 동영상은 공소사실에 나온 12월 2일 직전 광화문 집회에서의 전광훈 목사의 발언인데, 발언의 요지는 '여권 내부의 주사파를 척결하라. 목숨 걸고 단식하는 황교안도 싸우는데 너희는 뭐하느냐'라고 자유한국당에 대해서 비판하는 내용이지요?

그렇습니다. 국회의원들 몇 사람 오지도 않았으니까요.

위 발언을 보면, 4.15 총선은 주체사상을 추종하는 세력과 그에 반대하여 대한민국 헌법을 지키려는 세력 간의 대결로 보고 있는데, 이는 맞는 말이지요?

그렇다고 봐야지요.

그래서 주체사상을 반대하는 사람들이라면 더불어민주당이든 자유한국당이든 어떠한 세력과도 연합해서 총선에서 이겨야 한다는 발언을 한 것이지요?

예, 그렇습니다. 기독교가 나라를 살리는 일만큼은 대불총 불교인들과 대수천 천주교인들과 다 함께했습니다. 목사님도 다 받아들이시고 나라를 살리고자 하셨습니다.

만약 총선에서 주체사상 추종자가 다수가 된다면, 대한민국 헌법을 개헌해서 북한과 낮은 단계 연방제를 추진하여 권력을 넘길 수 있는 위험이 있다고 판단하고 있는 것도 맞지요?
맞습니다. 문재인 대통령이 공약을 할 때도 고려연방제를 한다고 하였고, 한 번도 경험해보지 못한 나라를 만든다고 하였습니다.

지금 현재도 북한노동당에서는 대남적화노선과 북한지역을 혁명 거점으로 하여 남한 전체를 혁명화 하겠다는 강령을 포기하지 않고 그대로 유지하고 있는 것을 알고 있지요?
알고 있습니다. 이번 홍수 때 4대강 보를 해체하는 문제에 대해 엊그제 문재인 대통령이 '4대강 보가 홍수에 도움이 됐느냐, 해가 됐느냐'를 조사하라고 지시하더라고요. 4대강 보를 안 만들었다면 홍수에 엄청난 피해가 있었을 것입니다. 그런데도 조사하라고 하니 참 한심합니다.

[증 제62-1호 2019년 12월 14일 집회 동영상, 증 제62-2호 2020년 1월 11일 집회 동영상을 각 제시하고]
계속 반복되는 메시지인데, 전광훈 목사는 4.15 총선에서 주사파 세력이 다수 의석을 차지하면 헌법을 바꿔서 낮은 단계 연방제를 추진할 것이라는 두려움을 계속 가지고 있었지요?
예, 두려움보다도 염려를 가지고 계셨습니다.

그래서 헌법을 수호하는 세력들이 뭉쳐서 주사파 세력들과 맞서 이기고 헌법과 체제를 지켜야 한다고 하는 것이지요?
예.

조금 전에 보았던 동영상의 발언 중에 특정 정당이나 특정 후보가 선거에서 이겨야 한다는 취지로 발언한 것은 분명히 아니지요?
예, 그렇습니다. 정치를 하신 적이 없습니다. 정당을 지지하고 어떤 개인을 지지한 것이 아니라 나라를 사랑하고 나라를 살리는 분이 있으면 지지하고 도와주고 함께 기도해왔습니다.

전광훈 목사는 평소에 복음과 애국 운동은 하나라고 주장해왔고, 복음을 통해서 북한과 우리나라가 통일이 되어야 주사파 문제가 자연스럽게 해결된다고 이야기 해왔지요?
맞습니다. 한결같이 해오셨습니다.

전광훈 목사는 한국 교회가 타락하여 인본주의라는 사상이 장악을 하고 있기 때문에 주사파와 같은 세력이 등장해서 목사들을 핍박하고 있다고 하는데, 맞나요?
예.

그래서 성경과 복음 회복을 통해 한국 교회가 개혁된다면 주사파 문제는 저절로 해결되고 통일도 될 것이라고 이야기하는 것인가요?

예, 그렇습니다.

II. 위대한 증언들　　5. 김승호 증인신문조서

검사
증인에게

본 건은 12월 2일 구리에서 있었던 서울·경기 비상구국기도회에서 전광훈 목사가 했던 발언, 12월 5일 부산 동구 나라사랑교회에서 전광훈 목사가 했던 발언, 12월 7일 서울 광화문광장에서 문재인퇴진국민대회에서 전광훈 목사가 했던 발언, 12월 9일 경주에서 있었던 전광훈 목사의 발언들에 대해서 공소 제기되었는데, 이러한 집회나 대회에서 전광훈 목사가 청중들에게 어느 정도 영향력이 있나요?
목사님께서 30년 가까이 목회자 훈련도 해오시고 평신도 집회도 해 오셔서 목사님의 말씀을 지지합니다. '어떠한 정당이나 개인을 지지하자'는 것이 아니고, 나라를 지키자는 의미에서 하신 말씀들은 지지하고 인정하고 받아들입니다.

전광훈 목사의 발언이 청중들한테 미치는 영향력이 상당히 크다는 것이지요?
큰 것은 맞는데 정치적인 것이 아니었습니다.

전광훈 목사가 12월 2일에 "자유우파 정당들이 연합을 하든지 해서 300석 중의 200석을 확보해야 대한민국이 산다. 반대로 주사파 정당이 3분의 2를 하고 자유한국당을 중심으로 한 우파 정당이 100석을 하면 국가해체다"라는 취지의 발언을 했고, 그 외에도 "자유우파 정당들이 200석을 하면 모든 것이 가능해진다. 우파 정당을 이끄는 황교안 대표님에게 자유대연합을 완성하기를 부탁드린다"라는 취지의 발언을 하였는데, 청중들 입장에서는 이러한 말을 들으면 자유한국당을 지지해야 한다는 취지로 받아들이지 않을까요?

거기에 모인 분들이 다 나라를 사랑하는 분들입니다. 그렇게 해서 나라가 바로 세워진다면 지지를 해야 하는 것이 맞지요. 그런데 그것은 어디까지나 개인 문제이니까요.

충분히 '자유한국당을 지지해야 한다. 나라를 살릴 수 있다'라는 취지로 받아들일 수 있는 것 아닌가요?

그렇다고 해서 어떠한 정당을 지지하거나 개인을 지지하는 내용은 아니니까요. 30년 동안 나라를 살리자는 말씀을 그런 식으로 하신 것입니다. 노무현 대통령, 김대중 대통령 때도 그렇고, 이명박 대통령이 대통령을 잘못할 때도 비난하셨습니다. 박근혜 대통령도 마찬가지이고요. 잘할 때는 칭찬하시고, 못할 때는 맹렬히 비난하셨는데, 그것은 나라를 사랑하는 마음 때문에 그러신 것이지 어느 개인이나 정당을 지지하신 것이 아닙니다.

변호인 정진경
증인에게

'자유우파 정당 지지'라는 이야기가 계속 나오는데, 여기서 이야기하는 자유우파 정당은 기존의 질서 중에 가장 상징적인 것이 헌법 질서이고, 우리의 자유민주주의체제의 헌법을 수호할 의지를 가진 정당을 자유우파 정당으로 지적한 것이지요?
예.

그리고 자유한국당 이야기가 나오는데, 이것은 자유우파 정당 중에서 가장 많은 의석을 가지고 있는 대표적인 정당으로 지칭한 것이지 어떠한 특정 정당을 지지해서 '이 정당을 찍어라'라는 취지와는 뉘앙스가 다른 것 아닌가요?
그렇습니다. 자유민주주의를 지키자는 취지였습니다.

'자유우파 정당이 연합해서 승리해야 한다.' 여기에 핵심이 있는 것이지요?
그 의미가 공산주의로부터 나라를 지키고 자유시장경제를 유지하며 한미동맹, 기독교입국론, 이 터 위에 나라를 세우고자 하는 분들을 자유우파로 인식하고 말씀하신 것입니다.

**변호인 이명규
증인에게**

광화문 집회에 참석하는 사람들은 전광훈 목사의 반주사파 투쟁, 애국 운동을 계속 지지해오고, 동참해오던 사람들이지요?

그렇습니다.

전광훈 목사의 발언에 대해서 전체 맥락을 이해하고 그 의미를 다 받아들이는 분들이지요?

그렇습니다.

예를 들어, 황교안 단식 직후에 그러한 말을 했다고 해서 '자유한국당을 찍자'라고 생각하지는 않겠지요?

물론 100% 아니라고 할 수는 없고 누군가는 자유한국당을 찍어야겠다고 생각했을 수 있지만, 목사님께서 황교안 대표가 그렇게 될 분이 아니라고 알고 계시기 때문에 개인을 지지하신 것은 아닙니다.

만약 자유한국당이나 황교안을 위해서 계속 능동적, 계획적으로 선거운동을 할 생각이 있었다면 총선이 다가올수록 발언의 강도가 더 세져야 할 텐데 전혀 그렇지 않았지요?

그렇습니다. 제대로 못 하니까 맹렬히 비난하셨습니다.

| 피고인 증인에게 | 증인은 저와 30년 동안 같이 일을 했으니까 거의 저의 분신이라고 봐야 하는데 제가 30년 동안 이 활동을 하면서 정치를 한 적은 없지요?
한 번도 없습니다.

국회의원에 출마하였거나 정당의 직분을 가진 적은 한 번도 없지요?
총선 5번을 치르시면서 정치하려고 하신 적이 한 번도 없고 출마하신 적도 없고 마음을 먹은 적도 없습니다. 오히려 저를 국회의원에 내보내려고 하셨습니다.

저는 자유한국당 쪽에 속한 국회의원 중 친한 사람이 많지만 더불어민주당에 있는 기동민 의원, 2년 동안 우리 교회를 다녔고 인천시장을 했던 송영길 의원, 그 외에도 전병헌 의원 등과도 가까이 지냈습니다. 저는 대한민국 헌법을 사랑하고, 대한민국의 4대 건국 기둥인 자유민주주의, 자유시장경제, 한미동맹, 기독교 입국론, 이것을 지지하는 사람을 자유우파라고 생각합니다. 증인은 제가 '더불어민주당 안에 있는 자유우파 국회의원들은 이 나라를 제대로 지키기 위하여 주사파들과 결별하라'라고 여러 번 연설하는 것을 들었지요?

알고 있습니다.

만약 제가 정치에 욕심이 있고 정치적인 발언을 할 것 같으면 제가 정당으로 들어가지요. 그러나 그것은 저한테 주어진 것이 아닙니다. 아까 김용민이 저한테 불법 운동을 한다고 하였는데, 생각이 짧아서 그렇습니다. '나라와 교회를 공산주의로부터 지킨다'라는 것이 한기총 정관입니다. 저는 그 정관에 따라 나라와 교회를 지키지 않으면 오히려 직무유기인 것입니다. 제가 경주에서 '수도권에 있는 자유우파 국민은 적극 나서…'라고 강의한 것도 한양대학교 이영희, 고려대학교 최장집, 서울대학교 백낙천이 거짓말로 점철된 주사파 교리로 국민을 물들여놓았기 때문입니다. 그래서 지금 30~40대 국민이 다 거짓에 젖어서 사는 것입니다. 그래서 제가 강의할 때 '대한민국 왜 이렇게 됐냐. 해방 후에 오키나와에 있는 미군이 한국에 들어와서 나라를 이렇게 망쳐놨다'고 했습니다. 저는 이들에 대항하기 위해서 30년 가까이 '4.15 총선에서는 절대로 거짓말하거나 역사를 사기 친 사람에 넘어가면 안 된다'고 강조하는 역사 강의를 한 것입니다. 그 결과 아까 영상에서 보신 그대로 단군 이래 최대 국민이 모였지요. 최장집, 이영희, 백낙천이 '6.25는 북침이다. 우리가 일으켰다. 미군이 한국에 와서 나라가 나누어졌다'라고 사기 친 것에 대해 진실을 밝혀내고, 그 과정에서 증인도 같이 일하였지요?
예, 그렇습니다.

생각이 짧으신 분들을 미워하는 마음은 없는데, 그런 단체에서 제가 하는 운동을 이해하지 못하고, 결국 제 염려와 경고대로 되었습니다. 한 달 전에 여권에 있는 국회의원 173명이 주한미군 철수를 전제한 종전 협정에 서명하였지요?
예.

결과적으로 제가 경고한 대로 되었습니다. 주한미군 철수를 전제하고 종전을 해버리면 대한민국이 존재한다고 생각하나요?
못하지요. 미군철수 한 것 때문에 이어서 6.25가 터진 것이고….

- 끝 -

위대한 증언들

대한민국을 지키기 위한

Ⅲ. 부록

1. 판결문 ········· 202
2. 외신 인터뷰 ········· 254

Ⅲ. 부록　　　　　　　1. 판결문

판결문

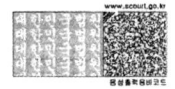

서 울 중 앙 지 방 법 원

제 3 4 형 사 부

판　　　결

사　　건	2020고합　　　공직선거법위반, 명예훼손
	2020초기　　　위헌심판제청

피 고 인

　　　　　주거　서울 성북구

　　　　　등록기준지　서울 영등포구

검　　사　　송준구(기소, 공판), 안재욱, 황영섭(공판)

변 호 인　　변호사 이명규, 고재영, 강민수

　　　　　법무법인 추양가을햇살 담당변호사 고영일

　　　　　변호사 구상진

　　　　　법무법인 강 담당변호사 구주와

　　　　　법무법인 현대 담당변호사 김태훈

　　　　　법무법인 정앤파트너스 담당변호사 정진경

　　　　　법무법인 천고 담당변호사 이성희

　　　　　법무법인 광복 담당변호사 강연재

　　　　　변호사 임무영

　　　　　변호사 이종순

위헌심판제청신청인　피고인의 변호인

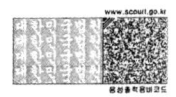

법무법인 추양가을햇살 담당변호사 고영일, 이순호, 정회석

판 결 선 고   2020. 12. 30.

주 문

피고인은 무죄.

피고인에 대한 판결의 요지를 공시한다.

이 사건 위헌법률심판제청신청을 모두 각하한다.

이 유

Ⅰ. 공소사실

피고인은 서울 성북구에 있는 사랑제일교회 담임목사이자 한국기독교총연합회 대표이다.

피고인은 2018. 8. 10. 서울고등법원에서 공직선거법위반죄로 징역 6월에 집행유예 2년을 선고받고 2018. 8. 18. 그 판결이 확정되었다.

1. 공직선거법위반

피고인은 위와 같이 공직선거법위반죄로 징역 6월에 집행유예 2년을 선고받은 판결이 확정된 후 10년이 경과하지 아니하여 선거운동을 할 수 없는 사람이다.

선거권이 없는 사람은 선거운동을 할 수 없고, 선거운동 기간 전에 공직선거법에 규정된 방법을 제외하고 선거운동을 할 수 없으며, 누구든지 공직선거법의 규정에 의한 공개 장소에서의 연설·대담장소 또는 대담·토론회장에서 연설·대담·토론용으로 사용하는 경우를 제외하고는 선거운동을 위하여 확성장치를 사용할 수 없다.

Ⅲ. 부록　　　　　　　　　　1. 판결문

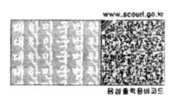

　　　피고인은 2019. 9. 9.경 '문재인 하야 범국민투쟁본부'를 구성한 이후 서울 종로구 광화문 일대에서 지속적으로 집회를 개최하여 오던 중, 2020. 4. 15. 실시 예정인 제21대 국회의원선거에서 자유한국당을 비롯한 이른바 자유우파 정치세력이 국회에서 다수 의석을 확보할 수 있도록 집회 또는 기도회 등에 참여한 다수의 청중을 상대로 자유한국당을 비롯한 자유우파 정당에 대한 지지를 호소하고 있었다.

　　가. 2019. 12. 2. 선거운동

　　　피고인은 2019. 12. 2.경 구리시 건원대로에 있는 스칼라티움 연회장에서 개최된 '서울·경기 비상구국기도회'(이하 '이 사건 2019. 12. 2.자 집회'라 한다)에 발언자로 참여하여, 그곳에 설치된 확성장치(확성기)에 연결된 마이크를 이용하여 기도회에 참석한 약 250명의 청중에게 제21대 국회의원선거와 관련하여 각 지역에서 자유한국당을 비롯한 자유우파 정당들이 확보할 의석수를 언급하면서 "내년 4월 15일 날 자유우파 정당들이 연합을 하든지 해서 300석 중에 200석을 확보해야 대한민국이 산다. 만약에 반대로 주사파 정당이 3분의 2를 하고 자유한국당을 중심한 우파정당이 100석을 한다면 국가해체다. 내년 4월 15일 우리가 200석을 안하면 그날로부터 우리는 끝장나는 것이다. 그러니까 우리는 목숨 걸어야 되는 것이다."라며 제21대 국회의원선거에서 자유한국당을 비롯한 자유우파 정당을 지지해 달라는 취지의 발언을 하였다.

　　　이로써 피고인은 선거권이 없어 선거운동을 할 수 없음에도 확성장치를 이용하여 선거운동을 함과 동시에 선거운동 기간 전에 선거운동을 하였다.

　　나. 2019. 12. 5. 선거운동

　　　피고인은 2019. 12. 5.경 부산 동구에 있는 부산역 광장에서 개최된 '문재인 퇴진 범국민대회 및 나라사랑기도회'(이하 '이 사건 2019. 12. 5.자 집회'라 한다)에 발언

자로 참여하여, 그곳에 설치된 확성장치(확성기)에 연결된 마이크를 이용하여 집회에 참가한 약 2,000명의 청중에게 제21대 국회의원선거와 관련하여 각 지역에서 자유한국당을 비롯한 자유우파 정당들이 확보할 의석수를 언급하면서 "이제 모든 싸움은 내년 4월 15일에 결정됩니다. 내년 4월 15일 총선에서 자유우파 정당들이 합쳐서 200석을 하면 모든 것이 가능해 집니다. 수도권에서 100석만 우리 걸로 돌이키면 이것이 대한민국의 하나님이 될 것입니다. 수도권에는 20대, 30대, 40대의 젊은 사람들이 많이 살고 있기 때문에 우리는 고도의 전략을 세워야 합니다. 우리 보수우파의 최고의 대표되는 황교안 대표의 지략에 우리는 다 따라야 합니다. 대한민국 국민들은 내년 4월 15일까지는 지도자로 황교안을 선택한 겁니다. 지금부터 여러분의 자식, 사위, 제자, 친구, 모든 관계성이 있는 수도권에 사는 사람들에게 여러분은 전화를 해서 여러분이 잘 설득해서 그들을 다 돌이키기를 바랍니다. 우리가 대표로 황교안을 선택했으면 금식기도를 통하여 응답 받은 대로 해야 됩니다. 이거는 선거가 아닙니다. 생존의 문제입니다." 라며 제21대 국회의원선거에서 황교안이 대표인 자유한국당을 비롯한 자유우파 정당을 지지해 달라는 취지의 발언을 하였다.

이로써 피고인은 선거권이 없어 선거운동을 할 수 없음에도 확성장치를 이용하여 선거운동을 함과 동시에 선거운동 기간 전에 선거운동을 하였다.

다. 2019. 12. 7. 선거운동

피고인은 2019. 12. 7.경 서울 종로구 광화문 광장에서 개최된 '대한민국 바로세우기, 문재인 퇴진 국민대회'(이하 '이 사건 2019. 12. 7.자 집회'라 한다)에 발언자로 참여하여, 그곳에 설치된 확성장치(확성기)에 연결된 마이크를 이용하여 집회에 참여한 약 5,000명의 청중에게 제21대 국회의원선거와 관련하여 "최후의 싸움은 내년 4월 15

Ⅲ. 부록   1. 판결문

일에 결정되는 것입니다. 내년 총선에서 자유우파 정당들이 합하여 우리가 3분의 2, 200석을 해야 되는 것입니다. 우파정당을 이끄는   대표님에게 자유대연합을 완성하기를 부탁드립니다. 자유우파 국민들이   을 대표로 뽑은 이상 반드시 우리가 하나가 되어서 4월 15일 날 이겨야 되는 것입니다. 우리가 선택한   대표님, 역대 이후로 이와 같은 지도자는 없었던 것입니다. 반드시 승리합시다."라며 제21대 국회의원선거에서   이 대표인 자유한국당을 비롯한 자유우파 정당을 지지해 달라는 취지의 발언을 하였다.

이로써 피고인은 선거권이 없어 선거운동을 할 수 없음에도 확성장치를 이용하여 선거운동을 함과 동시에 선거운동 기간 전에 선거운동을 하였다.

라. 2019. 12. 9. 및 2019. 12. 10. 선거운동

피고인은 2019. 12. 9.경 경주시에 있는 더케이호텔에서 개최된 '대구·경북 지도자 기도회'(이하 '이 사건 2019. 12. 9.자 집회'라 한다)에 발언자로 참여하여 그곳에 설치된 확성장치(확성기)에 연결된 마이크를 이용하여 기도회에 참여한 약 1,250명의 청중에게 제21대 국회의원선거와 관련하여 각 지역에서 자유한국당을 비롯한 자유우파 정당들이 확보할 의석수를 언급하면서 "모든 싸움은 내년 4월 15일 날 끝납니다. 내년 4월 15일 총선에서 자유우파 정당들이 다 합쳐서 200석을 하면 대한민국은 제2의 건국을 할 수 있습니다. 수도권에서 모든 게 끝나는데 수도권 122석 중 22석은 포기하고 100석을 먹으면 제2의 건국이 이루어집니다. 이미 100석 중에 60개는 우리 쪽으로 돌아왔습니다. 이제는 40개가 남아있는데 지금부터 기도를 어떻게 해야 하느냐. 기도도 선택과 집중을 해야 합니다, 주여 수도권 주시옵소서. 전라도 사람들은 전라도에 살면서 다 전라도당을 찍어요. 경상도 사람들도 지역에서는 자기 당을 찍어요. 문제는 수도

권에 공부하러 간 자식, 사위, 며느리, 수도권에 시집, 장가가서 사는 그 새끼들이 제일 큰 문제라니까. 전라도 사람들은 밤낮으로 수도권에 가서 사는 자기 자녀들, 사위, 조카, 삼촌 이 사람들을 설득해서 잡아요. 경상도는 멍청해가지고 오히려 전화했다가 애새끼들한테 받아 싸요. 경상도는 이러니까 나라가 망하는 거야. 그러나 이번에는 여러분의 손주, 자식 모든 애들을 다 이겨야 돼."라고 말하고, 2019. 12. 10.경 같은 장소에서 열린 위 기도회(이하 '이 사건 2019. 12. 10.자 집회'라 한다)에서 그곳에 설치된 확성장치(확성기)에 연결된 마이크를 이용하여 청중들에게 "내년 4월 총선에서 200석을 자유우파연대 국회의원들이 당선되어야 이 나라를 지킬 수 있다. 수도권에서 자유우파 연대가 100석을 먹으면 대한민국은 존재하고 실패하면 우리가 애쓴 보람은 모두 사라진다. 내가 마지막 부탁은 뭐냐? 여러분의 자녀, 사위, 손주, 친척, 아는 수도권에 있는 사람들을 지금부터 여러분이 전화로 설득을 해야 합니다."라고 제21대 국회의원선거에서 자유한국당을 비롯한 자유우파 정당을 지지해 달라는 취지의 발언을 하였다.

이로써 피고인은 선거권이 없어 선거운동을 할 수 없음에도 확성장치를 이용하여 선거운동을 함과 동시에 선거운동 기간 전에 선거운동을 하였다.

마. 2020. 1. 21. 선거운동

피고인은 2020. 1. 21.경 서울 세종로에 있는 세종문화회관에서 개최된 기독자유당 전당대회(이하 '이 사건 기독자유당 전당대회'라 한다)에 발언자로 참여하여, 제21대 국회의원선거와 관련하여 행사에 참여한 청중 및 유튜브 방송채널 '너알아TV'를 시청하는 불특정 다수의 국민을 대상으로 "돌아오는 4월 15일 날은 기독자유당이 폭풍타를 칠 것입니다. 기독인들의 967만 표 중에 절반인 500만만 찍어버리면 기독자유당이 제3정당이 되고 원내교섭단체를 능가할 수 있어요. 이 방송을 보는 전국의 1,200만 기독

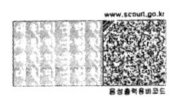

교인들이여 그리고 30만 목회자들이여 25만 장로님들이여 잘 들으십시오. 기독자유당이 앞장서서 반드시 예수한국 복음통일을 이루어내야 합니다. 내가 이 유튜브를 통해서 기독자유당에 대한 모든 궁금한 것들을 다 말씀드리겠습니다. 비례대표 찍을 때 기독자유당을 찍어야 합니다. 그럼에도 불구하고 하나님이 주신 자유한국당도 사실 기독당이었으니까 잘 협력해 그 쪽은 지역구에서 다 당선되기를 바라고 우리는 비례대표로 당선되면 둘이 합쳐지면 반드시 역사는 일어납니다."는 취지로 발언하여 기독자유당을 지지해 달라고 호소하였다.

이로써 피고인은 선거권이 없어 선거운동을 할 수 없음에도 유튜브 방송을 이용하여 선거운동을 하였다.

2. 명예훼손

피고인은 2019. 10. 9.경 서울 종로구에 있는 교보문고 앞에서 개최된 '문재인 퇴진 범국민대회'(이하 '이 사건 2019. 10. 9.자 집회'라 한다)에서 집회에 참가한 사람들을 대상으로 연설을 하면서 "왜 제가 문   을 끌어내리려고 하느냐? 문   은 간첩입니다. 간첩. 문   간첩 입증의 영상을 지금부터 틀도록 하겠습니다. 문   은 평창 동계올림픽에서 대한민국 간첩의 왕인 신   을 가장 존경하는 사상가로 말했습니다. 이것은 간첩의 본체인 것입니다. 내가 존경하는 사상가 신   은 누구인가? 간첩의 왕 신   인데, 내가 가장 존경한다는 것은 문   ]도 간첩이라는 것을 확신하십니까? 6·25 3대 전범 김   을 국군창시자의 영웅이라고 말했는데, 이거 간첩 아닙니까? 서독의 간첩 윤   에게 어떤 짓을 했는지 보겠습니다. 서독의 간첩 윤   의 묘지에 부인 김   1)을 보내서 동백나무를 헌화하는 것을 보셨죠? 이거 간첩 아닙니까?"라고 발

---
1) 이는 피고인이 '김정숙'을 착오 발언한 것으로 보인다.

언하고, 2019. 12. 28.경 같은 장소(이하 '이 사건 2019. 12. 28.자 집회'라 한다)에서 개최된 '문   퇴진 범국민대회'에서 집회에 참가한 사람들을 대상으로 연설을 하면서, "오늘날 대한민국 사회에서(영어통역) 저 문   주사파 일당이 지금 와서 김일성을 선택하는 것은 용서할 수 없는 것입니다. 존경하는 국민 여러분, 원래 좌파 종북 빨갱이들은 거짓말의 선수들입니다. 김일성도 거짓말, 박헌영도 거짓말, 문   도 거짓말쟁이입니다. 서독의 간첩 윤   에게 부인을 보내서 참배를 하게 하는가 하면, 공산주의자 조국을 앞세워 대한민국을 공산화 시키려고 시도했던 것입니다. 조국이가 쓴 논문을 보면 대한민국을 반드시 공산화 시킨다고 쓰여 있습니다."라고 발언하였다.

그러나 사실 피해자 문   은 간첩이 아니고 간첩행위를 하지 않았으며, 대한민국의 공산화를 시도하지도 않았음에도, 피고인은 '대통령은 간첩', '대통령이 대한민국의 공산화를 시도했다'라고 공연히 허위사실을 적시하여 피해자 문   의 명예를 훼손하였다.

Ⅱ. 피고인 및 변호인들 주장의 요지

1. 공소제기의 위법성에 관한 주장

가. 공소사실의 불특정

이 사건 공소사실 중 제1의 가. 내지 라.항 기재 부분에 관하여, 피고인은 이 부분 공소사실에 기재된 각 집회에서 제21대 국회의원선거와 관련하여 명백히 비례대표 의석이 아닌 지역구 의석을 전제로 그 지지를 호소하는 취지의 발언을 하였으므로, 만일 검사가 이 부분 피고인의 각 발언이 비례대표 의석을 지칭함을 전제로 이 사건 공소를 제기한 것이라면, 이는 공소사실이 특정되지 아니한 경우에 해당하여 위법하다. 또한 설령 검사의 공소제기가 피고인의 비례대표 의석에 대한 선거운동에 관하여 이루

어진 것으로 선해하더라도, 이 경우에는 그 지지하는 정당이 특정되지 아니하였으므로, 역시 공소사실이 특정되지 아니한 경우에 해당하여 위법하다.

나. 표적수사 등 불법수사에 기초한 공소제기

피고인에 대한 이 사건 수사는 애초부터 수사기관이 피고인을 표적으로 하여 외부의 청탁 또는 압력을 받아 이루어진 것이므로, 위 수사를 기초로 한 이 사건 공소제기 절차는 그 자체로 위법하다. 특히 이 사건 공소사실 중 제1의 마.항에 기재된 이 사건 기독자유당 전당대회와 관련한 수사는, 수사기관이 이에 관한 고발도, 인지절차도 없는 상황에서 민간인을 불법사찰하여 이루어진 것이므로, 명백한 불법에 해당한다.

다. 명예훼손 피해자의 의사에 반하는 공소제기

피해자는 이 사건 공소사실 중 명예훼손의 점에 관한 피고인의 각 발언을 그동안 명시적으로 문제삼은 바 없고, 2020. 8.경에는 공식 행사 자리에서 국민들의 비판은 달게 받겠다는 취지의 발언을 한 바도 있으며, 이 사건 재판 과정 중에도 피고인의 처벌의사에 대하여 침묵하고 있으므로, 반의사불벌죄인 이 사건 명예훼손의 점에 대한 공소제기는 피해자의 의사에 반하는 점에서도 위법하고, 반드시 공소기각되어야 한다.

2. 증거능력에 관한 주장

가. 이 사건에서 검사가 제출한 모든 증거들은 위와 같은 위법한 수사에 기초하여 수집된 것이므로, 위법수집증거에 해당하여 그 증거능력이 인정될 수 없다.

나. 그뿐만 아니라, ① 실내 행사에 해당하는 이 사건 공소사실 중 제1의 가., 라., 마.항 기재 각 집회와 관련한 증거들은 영장에 의하여 압수되지 아니한 불법사찰의 결과물들이고, ② 이 사건 기독자유당 전당대회와 관련한 증거들은 고발도, 인지도 없는 상황에서 민간인을 불법사찰하여 수집된 증거들이며, ③ 기타 일부 증거들은 피고인이

 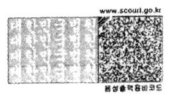

이 사건 수사가 불법임을 알지 못한 채 기망당한 결과로 진술한 것이거나, 이 사건 공소사실과 무관한 증거들로서 모두 그 증거능력이 인정될 수 없다.

3. 범죄의 성부에 관한 주장

가. 공직선거법위반의 점에 관하여

1) 이 사건 공소사실 중 제1의 가. 내지 라.항 기재 각 발언은 피고인이 특정 정당이나 후보자를 지지한 것이 아니다.

2) 또한 피고인의 이 부분 공소사실 기재 각 집회(이하 '이 사건 각 집회'라 한다)에서의 발언은 제21대 국회의원선거 과정에서 후보자 특정이 되지도 아니한 시점에 이루어진 것이므로, 이는 공직선거법이 정한 선거운동에 해당되지 아니한다.

3) 따라서 피고인이 공직선거법에서 정한 선거운동을 하였음을 전제로 하는 이 부분 공소사실은 모두 무죄이다.

나. 명예훼손의 점에 관하여

피해자가 실제 피고인의 이 부분 공소사실 기재 각 집회에서의 발언 내용에 포함된 언동을 한 것은 사실이고, 피고인은 그러한 사실을 토대로 피해자에 대한 가치평가나 의견을 표명한 것에 불과하므로, 이를 두고 '허위사실 적시'에 기한 피해자의 명예훼손 행위로 볼 수 없다.

Ⅲ. 공소제기의 위법성 및 증거능력 관련 주장에 관한 판단

1. 공소제기의 위법성 주장에 관한 판단

가. '공소사실의 불특정' 주장에 관한 판단

1) 관련 법리

공소사실의 기재는 범죄의 시일, 장소와 방법을 명시하여 사실을 특정할 수

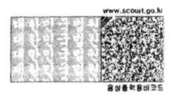

있도록 하여야 하는데(형사소송법 제254조 제4항), 이처럼 공소사실의 특정을 요구하는 법의 취지는 피고인의 방어권 행사를 쉽게 해 주기 위한 데에 있으므로, 공소사실은 이러한 요소를 종합하여 구성요건 해당사실을 다른 사실과 식별할 수 있는 정도로 기재하면 족하고, 공소장에 범죄의 일시, 장소, 방법 등이 구체적으로 적시되지 않았더라도 공소사실을 특정하도록 한 법의 취지에 반하지 아니하고, 공소범죄의 성격에 비추어 그 개괄적 표시가 부득이하며 그에 대한 피고인의 방어권 행사에 지장이 없다면 그 공소내용이 특정되지 않았다고 볼 수 없다(대법원 2010. 8. 26. 선고 2010도4671 판결 등 참조).

  2) 판단

위 법리에 비추어 살피건대, 검사는 이 사건 공소사실 중 제1의 가. 내지 라. 항 기재 부분에서, 각 문제된 발언이 이루어진 집회의 시기 및 장소를 명확히 특정하고 있고, 나아가 이 부분 공소제기의 대상이 되는 피고인의 각 집회에서의 발언 내용 및 그 발언 과정에서 사용된 도구들(마이크 등)도 이를 명확하게 적시하고 있다. 이에 따르면, 이 부분 공소제기의 대상이 되는 사실들은 다른 과거의 사실들과 분명하게 구분, 식별된다고 할 것이고, 이로써 피고인의 방어권 행사에 아무런 지장이 없다고 판단된다.

한편 변호인들은 이 부분에 관하여 피고인의 발언이 비례대표 의석을 전제로 하는 것이 아니고, 그 지지하는 정당이 특정되지도 아니하여 이 부분 공소사실이 특정되지 아니하였다는 취지의 주장을 아울러 하나, 이러한 주장은 공소사실의 특정 여부와 관련한 것이 아니고, 오히려 특정된 공소사실에 대한 법률적 평가나 해석에 관한 문제인 것으로 보인다.

따라서 이 부분 공소사실이 특정되지 아니하여 위법하다는 취지의 이 부분 피고인 및 변호인들의 주장은 받아들이지 아니한다.

나. '표적수사 등 불법수사' 주장에 관한 판단

1) 이 부분 주장의 근거

피고인 및 변호인들은, 피고인에 대한 이 사건 수사가 아래와 같은 근거로 이른바 표적·불법수사에 해당하므로, 그에 따른 이 사건 공소제기는 그 자체로 위법하다고 주장한다.

① 피고인에 대한 다른 사건(집회및시위에관한법률위반 등)의 구속영장 청구가 2020. 1. 2. 법원에서 기각되자마자 같은 날 사단법인 평화나무의 피고인에 대한 공직선거법위반의 점[2])에 관한 고발장이 접수되었고, 경찰은 바로 그 다음 날인 2020. 1. 3.부터 고발인 조사도 하지 아니한 채 피고인에 대한 수사를 신속히 착수함으로써 피고인에 대한 강한 구속 의지를 드러냈다.

② 경찰은 이 사건 이전부터 피고인의 집회 상황을 지속적으로 추적하고 있었고, 이를 통하여 이 사건 기독자유당 전당대회도 파악하게 되었으며, 특히 경찰은 위 기독자유당의 전당대회와 관련하여서는 그에 대한 고발 내지 인지절차도 없이 행사 장소와 책임자에 대한 불법사찰을 하고, 그 과정에서 아무런 권한 없이 계약서 등 관련 자료를 확보하였다.

③ 그 밖에도, ㉠ 피고인에 대한 이 사건 구속영장이 청구되었을 당시(2020. 2. 19.경) 이미 이 사건 명예훼손의 점에 관한 고발장이 접수, 병합되었음에도 이 부분 혐의는 위 영장 청구 범죄사실에 포함되지 아니하였고, 이 부분 혐의(명예훼손)의 피해

---

2) 이는 피고인 등이 2020. 1. 1.경 광화문 광장에서 진행된 이른바 송구영신예배에서 불법선거운동을 하였다는 것으로, 공소가 제기되지는 아니하였다.

Ⅲ. 부록   1. 판결문

자인 대통령 문재인에 대한 조사도 누락되었으며, ⓒ 경찰은 피고인에 대한 다른 사건과 관련한 출석 상황을 이 사건에 대한 출석 상황인 것처럼 수사보고서 등을 조작하여 영장청구 및 구속적부심 단계에서 법원을 기망하였을 뿐만 아니라, ⓒ 피고인에 관한 사건들을 무차별적으로 병합하여 관련 자료들을 교차 사용하였다.

　　2) 관련 법리

　　　　형사소송법 제196조 제2항은 "사법경찰관은 범죄의 혐의가 있다고 인식하는 때에는 범인, 범죄사실과 증거에 관하여 수사를 개시·진행하여야 한다."라고 규정하고 있고, 같은 법 제199조 제1항은 "수사에 관하여는 그 목적을 달성하기 위하여 필요한 조사를 할 수 있다. 다만, 강제처분은 이 법률에 특별한 규정이 있는 경우에 한하며, 필요한 최소한도의 범위 안에서만 하여야 한다."라고 규정하고 있으며, 같은 법 제218조는 '영장에 의하지 아니한 압수'에 관하여 "검사, 사법경찰관은 피의자 기타인의 유류한 물건이나 소유자, 소지자 또는 보관자가 임의로 제출한 물건을 영장 없이 압수할 수 있다."라고 규정하고 있다.

　　　　한편 수사의 개시에 앞서 이루어지는 조사활동과 이에 기초한 범죄의 혐의가 있는가 여부에 관한 판단, 즉 수사를 개시할 것인가 또는 조사활동을 종결할 것인가의 판단은 수사기관이 제반 상황에 대응하여 자신에게 부여된 권한을 적절하게 행사할 수 있도록 합리적인 재량에 위임되어 있는 행위이다. 그러므로 조사활동과 그에 따른 수사의 개시 여부에 관한 수사기관의 판단을 위법하다고 평가하기 위하여는 형사소송법 등의 관련 법령의 취지와 목적에 비추어 볼 때 구체적인 사정에 따라 수사기관이 그 권한을 행사하여 필요한 조치를 취하지 아니한 것이 현저하게 불합리하다고 인정되거나 경험칙이나 논리칙상 도저히 합리성을 긍정할 수 없는 정도에 이르렀다고 인정되어

야 한다(대법원 2006. 12. 7. 선고 2004다14932 판결 참조).

3) 판단

가) '고발장 접수 및 이례적으로 신속한 수사 진행' 등 주장 관련

(1) 기록에 의하면, 피고인에 대한 집회및시위에관한법률위반 등 사건에 관한 구속영장의 청구가 2020. 1. 2. 기각된 사실, 같은 날 사단법인 평화나무는 공직선거법위반 혐의로 피고인 등에 대한 고발장(이하 '이 사건 평화나무 고발장'이라 한다)을 서울종로경찰서에 접수한 사실(증거기록 114쪽), 한편 경찰은 2020. 1. 3. '2019. 12. 31.부터 2020. 1. 1.까지 광화문 일대에서 실시된 범국민투쟁본부(대표: 피고인)의 집회'에 관한 정보상황보고서를 입수하여 수사보고서를 작성하는 등 피고인에 대하여 공직선거법위반 혐의로 수사를 시작한 사실(증 제4호, 제20호)이 인정되기는 한다.

그러나 먼저, 위 구속영장 청구에 대한 법원의 기각 결정은 2020. 1. 2. '야간경'에 이루어졌는데(안종길에 대한 증인신문 녹취서 61쪽, 장영식에 대한 증인신문 녹취서 19쪽), 이 사건 평화나무 고발장은 이미 같은 날 '주간경'에 접수된 사실(장영식에 대한 증인신문 녹취서 21쪽)이 아울러 확인되기도 하는바(즉 시점상 이 사건 평화나무 고발장이 먼저 접수되었고, 그 후 위 구속영장 청구에 대한 기각 결정이 이루어졌다), 이 부분 '피고인에 대한 1차 구속영장 청구가 기각되자마자, 사단법인 평화나무가 고발장을 접수하였다'는 취지의 피고인 및 변호인들의 주장은 그 일의 경과가 우선 진실에 어긋난다.

또한 이 사건 평화나무 고발장에 적시된 피고인에 대한 범죄혐의 내용은 '피고인 및 고영일이 광화문 광장에서 개최된 2020. 1. 1.자 송구영신 예배에서 기독자유당을 지지하는 발언을 하여 불법선거운동을 하였으므로, 공직선거법에 위반된다'는

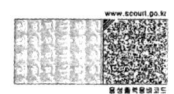

것으로(증거기록 115쪽 등), 피고인에 대한 혐의범죄의 내용은 위 고발장의 기재만으로도 특정이 되고, 위 혐의범죄의 내용 및 성격상 수사기관으로서는 기억에 의존하는 고발인 등 제3자의 진술보다는 당해 집회의 실제 개최 여부 및 그곳에서의 발언 내용 등 현황을 파악하기 위하여 객관적인 자료를 확보할 필요성이 높다는 판단이 가능하였을 것으로 보인다. 실제 이 사건의 주수사관이었던 증인 안종길은 이 법정에서 '정보과에서는 집회와 관련하여 수시로 집회에 관한 사항을 시간과 내용별로 순차적으로 기재하는 정보상황보고서를 작성하는데, 다만 위 자료는 보관기간이 일주일 내외로 짧아 당시 평화나무 고발장을 확인한 다음 곧바로 해당 집회에 관한 정보상황보고서를 확보하여 이를 첨부한 수사보고서를 작성하게 되었다'는 취지로 진술하였고(안종길에 대한 증인신문 녹취서 5, 6, 44쪽 등), 위 정보상황보고서의 존부 및 보관기간에 관하여는 증인 장영식의 이 법원에서의 진술과도 일치한다(장영식에 대한 증인신문 녹취서 22쪽).

결국 고발장의 접수 시점, 고발 대상 혐의범죄의 성격 및 내용, '정보상황보고서'의 작성 경위 및 그 보관기간, 여기에 이 부분 고발과 관련한 고발대리인의 조사가 그 고발장 접수시점으로부터 6일 후에는 실제 이루어진 점(증거기록 184쪽) 등의 사정을 보태어 보면, 이 부분 수사와 관련한 당시 경찰의 업무처리가 현저히 이례적이었다거나 그 합리성을 긍정할 수 없는 정도에 이르렀다고 보기 어렵고, 달리 그 위법성을 인정할 만한 사정이 확인되지 않는다.

(2) 나아가 피고인 및 변호인들은, 사인(사단법인 평화나무)이 고발한 사건임에도 그 녹취 비용을 수사비로 충당한 점, 그마저도 해당 녹취 비용의 청구 시 사건번호를 별건 번호로 기재하여 그 지출근거를 조작한 점을 이 부분과 관련한 불법수사 주장의 추가 근거들로 들고 있다.

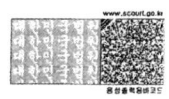

그러나 비록 사인이 고발한 사건이라 하더라도 공직선거법의 공적 성격, 수사의 필요성 등을 고려하면 경찰이 수사비로 그 집회 발언을 녹취하였다고 하여 이를 위법, 부당하다고 볼 수는 없다.

또한 사단법인 평화나무 고발 사건 등에 관한 녹취 비용 청구 업무요청서(2020. 1. 17.자)상에 관련 사건번호로 서울특별시선거관리위원회(이하 '서울선관위'라 한다) 고발사건의 사건번호(2020-95)가 기재되어 있기는 하나(증 제25-1호), 위 업무요청 당시 사단법인 평화나무 고발사건과 서울선관위 고발사건이 병합[3]되어 있었을 뿐만 아니라, 위 2020. 1. 17.자 청구 비용에는 사단법인 평화나무 고발사건에 관한 녹취비용만 포함된 것으로 보이지도 아니하는바(증 제23-3호, 제25-1호), 이러한 사정을 고려하면 위 업무요청서상 사건번호의 기재는 병합사건의 대표번호를 기재한 것이거나 단순 오기로 보일 뿐, 이를 넘어 부당한 업무집행을 은폐, 조작하기 위한 기망수단으로 보기는 어렵다.

그 밖에 피고인 및 변호인들은, 담당 수사관이 일요일(2020. 1. 5.)에도 출근하여 관련 수사보고서를 작성하고 고발인 측으로부터 증거자료(동영상 CD)를 전달받은 점 등을 불법수사의 근거로 아울러 지적하고 있으나, 이러한 사정 역시 그 주장 사유만으로는 이 사건 수사가 위법하다는 근거로 삼기 어렵다.

나) '집회 상황 추적 및 이 사건 기독자유당 전당대회' 주장 관련

(1) 피고인의 집회 일정과 관련하여서는, '2019. 8. 5.부터 같은 해 12. 16.까지' 피고인의 집회 내역을 정리한 수사보고서가 작성된 사실이 확인되기는 하나(증거기록 140쪽), 위 수사보고서의 작성일자는 2020. 1. 6.로 이 사건 평화나무 고발장이 접

---

[3] 사단법인 평화나무 고발사건과 서울선관위 고발사건은 2020. 1. 7. 병합되었다(검사의 이 사건 2020. 5. 21.자 의견서 첨부자료, 증 제29호).

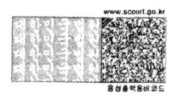

수된 시점(2020. 1. 2.) 이후인 점이 역수상 분명하고, 그 정리된 집회 일정 등 정보의 출처 또한 공개된 인터넷 홈페이지인 점이 위 수사보고서의 기재 및 증인 안종길의 이 법정에서의 진술(안종길에 대한 증인신문 녹취서 8쪽)에 의하여 인정되는바, 이로써 당시 수사기관이 피고인 및 변호인들의 주장과 같이 '피고인의 집회 상황을 이전부터 지속적으로 추적하거나 불법사찰하고 있었다'고는 보기 어렵고, 달리 이와 관련한 수사기관의 활동이 그 재량권의 범위를 현저히 벗어났다고 볼 만한 사정도 확인되지 아니한다.

한편 피고인은 목회자이자 한국기독교총연합회의 수장으로서 2019. 6.경 이른바 '시국선언'을 비롯하여 광화문 광장 등 다수의 등지에서 대규모 집회를 이끌어 오고 있었던 점은 피고인도 자인하는 사실이고, 그러한 집회 활동 및 피고인의 발언 내용 등은 당시 유튜브 등을 통하여 대중에 공개되고 있었던 것으로 보인다. 실제로 이사건 기독자유당 전당대회와 관련한 수사의 착수 경위에 관하여, 증인 안종길은 '서울 종로경찰서의 지능팀은 광화문 광장 일대 집회현장을 관할하고 있고, 그렇기 때문에 관내에서 발생한 집회 사건이나 이슈 사건은 지능팀에 여러 경로로 들어오고 있으며, 2020. 1. 21.에 세종문화회관에서 한 이 사건 기독자유당 전당대회 또한 여러 경로를 통해 지능팀으로 정보가 들어왔고, 유튜브를 통해 검색해보니 그런 내용이 있어서 인지하게 되었다'는 취지로 진술하였다(안종길에 대한 증인신문 녹취서 13쪽).

앞서 본 바와 같이, 형사소송법은 제196조에서 수사기관의 수사 개시 의무를 부과하고 있고, 이러한 수사의 단서에는 고소, 고발뿐만 아니라, 다른 사건 수사 중의 범죄발견, 기사, 풍설, 세평 등 수사기관이 어떠한 범죄 혐의점을 포착할 수 있는 여러 수단들이 포함될 수 있다. 이에 비추어 보면, 당시 경찰이 피고인의 공개된 활동

이나 유튜브 등 자료를 통하여 피고인의 동향을 파악하게 된 것은 수사기관의 정당한 수사활동 내지는 첩보활동의 일환인 것으로 판단되고, 이 사건에서 달리 그 범위를 현저히 벗어나거나 도저히 합리성을 긍정할 수 없는 수사활동을 개시, 진행한 내역은 확인되지 아니한다.

(2) 아울러 수사의 단서가 반드시 고소, 고발에 한정되지 아니하고, 범죄의 인지는 실질적인 개념으로 검찰사건사무규칙의 규정은 검찰행정의 편의를 위한 사무처리절차 규정이므로, 검사가 그와 같은 절차를 거치기 전에 범죄의 혐의가 있다고 보아 수사를 개시하는 행위를 한 때에는 이때에 범죄를 인지한 것으로 보아야 하고, 그 뒤 범죄인지서를 작성하여 사건수리 절차를 밟은 때에 비로소 범죄를 인지하였다고 볼 것이 아니며, 이러한 인지절차를 밟기 전에 수사를 하였다고 하더라도, 그 수사가 장차 인지의 가능성이 전혀 없는 상태 하에서 행해졌다는 등의 특별한 사정이 없는 한, 인지절차가 이루어지기 전에 수사를 하였다는 이유만으로 그 수사가 위법하다고 볼 수는 없다(대법원 2001. 10. 26. 선고 2000도2968 판결 참조).

따라서 이 사건 기독자유당 전당대회와 관련하여 고발장이 접수되지 아니하였고, 아직 인지서4)가 작성되지 아니한 상태에서 탐문수사 및 관련 증거자료의 확보가 이루어진 것에도 수사기관에 부여된 합리적인 재량의 범위를 벗어나는 수사권한의 행사는 엿보이지 아니한다.

다) 기타 주장 관련

그뿐만 아니라, 검사가 피의자에 대한 구속영장을 청구하면서 그 범죄사실에 반드시 당시 수사기관에 접수된 모든 혐의사실을 적시하여야 하는 것은 아니고, 명

---

4) 이 사건 기독자유당 전당대회 관련 사건의 인지서는 2020. 2. 17. 작성되었다(검사의 이 사건 2020. 5. 21.자 의견서 첨부자료, 증 제22호).

훼손죄의 경우에도 반드시 피해자에 대한 조사가 필요한 것도 아니므로, 피고인에 대한 이 사건 구속영장 청구 당시 명예훼손의 점을 구속영장 청구사유에 포함시키지 아니하고, 명예훼손의 피해자인 대통령 문재인을 조사하지 아니하였다고 하여 이 사건 수사나 구속영장 청구, 공소제기가 위법하다고 볼 수는 없다.

한편 경찰은 2020. 2. 7. 이 사건 공직선거법위반 사건 관련 수사보고서를 작성하면서 위 수사보고서에 별건인 기부금품의모집및사용에관한법률위반 사건에 관한 피고인의 출석 상황을 기재한 사실(증거기록 1299, 1300쪽, 증 제19호)이 있기는 하나, 위 수사보고서에 그 출석 상황을 "별건 사건 출석 요구 관련"이라고 분명히 기재한 점, 위 수사보고서에는 별건 사건 출석요구 후 이 사건 공직선거법위반 사건을 조사한 경위도 기재되어 있는바, 그 경위 설명을 위해서는 별건 사건 출석 요구 관련 사항을 기재하는 것이 부당하다고 보이지는 않는 점 등을 고려하면, 경찰이 위 수사보고서를 구속영장 발부 여부를 결정할 법원을 기망하기 위하여 작성하였다고 보기도 어렵다.

또한 같은 피의자에 대하여 비슷한 시기에 여러 사건에 대한 수사가 개시되는 경우, 혹은 여러 사건들이 관련사건인 경우 이를 병합하는 것이 부당하다거나 그 피의자에게 불이익하다고 볼 수는 없으므로, 이 사건에서 수사기관이 피고인에 대하여 사단법인 평화나무 고발사건, 서울선관위 고발사건, 명예훼손 고발사건 등을 병합하였다 하더라도 이를 위법하다고 볼 수는 없다.

4) 소결

따라서 '피고인에 대한 수사 전반이 표적수사 등으로 위법하여 이 사건 공소가 기각되어야 한다'는 취지의 이 부분 피고인 및 변호인들의 주장도 받아들이지 아니한다.

 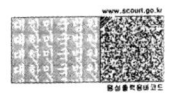

다. '명예훼손 피해자의 의사에 반하는 공소제기' 주장에 관한 판단

1) 반의사불벌죄에 있어서 피해자가 처벌을 희망하지 아니하는 의사표시나 처벌을 희망하는 의사표시의 철회를 하였다고 인정하기 위해서는 피해자의 진실한 의사가 명백하고 믿을 수 있는 방법으로 표현되어야 한다(대법원 2001. 6. 15. 선고 2001도1809 판결 등 참조).

2) 살피건대, 형법 제307조 제2항에 따른 명예훼손죄는 친고죄가 아니므로 그 공소제기를 위하여 반드시 피해자의 명시적인 처벌의사가 요구되지 아니하고, 나아가 피해자가 단순히 이 사건에서 피고인의 처벌 여부에 대한 의사를 표시하지 아니하였다거나, 다른 행사 자리에서 국민들의 비판은 달게 받겠다는 취지의 발언을 하였다는 사정만으로는, 이 사건에 관하여 피해자의 처벌불원 의사가 명백하고 믿을 수 있는 방법으로 표현되었다고 보기 어렵다.

따라서 이 부분 피고인 및 변호인들의 주장 또한 받아들이지 아니한다.

2. 증거능력 주장에 관한 판단

가. 전체 증거들에 대한 공통 주장에 관한 판단

먼저, 피고인 및 변호인들은, 이 사건에 제출된 검사의 증거들은 모두 그 자체로 위법한 수사의 결과로 수집된 증거들이므로, 그 증거능력이 인정될 수 없다는 취지의 주장을 하고 있으나, 앞서 제1의 나.항에서 살핀 바와 같이 피고인에 대한 이 사건의 수사는 위법하지 아니하므로 이 부분 주장은 받아들이지 아니한다.

나. 개별 증거들에 대한 주장에 관한 판단

다음으로 개별 증거들에 관한 주장을 살펴본다.

1) 증거목록 순번 35 내지 37, 39, 40, 70, 71의 각 증거들 관련

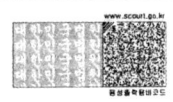

이 부분 각 증거들에 관하여, 피고인 및 변호인들은, 이 사건 공소사실 중 제1의 가., 라., 마.항 기재 각 집회와 관련하여서는 경찰이 탐문이라는 형식을 가장하여 실내에서 진행된 이 부분 각 집회 장소를 불법으로 사찰하고, 관련 자료도 영장 없이 확보하였으므로, 이 부분 각 증거들은 모두 그 증거능력이 인정될 수 없다는 취지의 주장을 한다.

그러나 앞서 본 바와 같이, 형사소송법 제199조 제1항 본문은 "수사에 관하여는 그 목적을 달성하기 위하여 필요한 조사를 할 수 있다."라고 규정하고 있고, 같은 법 제218조는 "검사, 사법경찰관은 피의자 기타인의 유류한 물건이나 소유자, 소지자 또는 보관자가 임의로 제출한 물건을 영장 없이 압수할 수 있다."라고 규정하고 있으므로, 수사기관으로서는 범죄혐의가 있는 경우 합리적 재량의 범위 내에서 필요한 조사를 할 수 있고, 그 과정에서 관련 자료들도 임의로 제출받아 이를 확보할 수 있다.

이 부분 각 증거들의 수집 경위에 관하여, 증인 안종길은 검사 증거목록 순번 39, 40의 각 증거들과 관련하여 "경주 더케이호텔(이 사건 2019. 12. 9.자 및 2019. 12. 10.자 집회 관련) 측에 공문으로 관련 자료를 요청하여 팩스로 송부받은 것이다."고 진술하였고(안종길에 대한 증인신문 녹취서 9, 10쪽), 증인 강효충은 증거목록 순번 35 내지 37, 70, 71의 각 증거들과 관련하여 "피고인의 2019. 12. 2.자 집회와 관련하여 구리시에 있는 스칼라티움을 직접 방문하여 자료를 임의제출 받았고, 이 사건 기독자유당 전당대회 관련 자료의 경우 공문을 송부하여 팩스로 임의제출 받았다."는 취지로 진술하였다(강효충에 대한 증인신문 녹취서 2 내지 4쪽).

이에 따르면, 이 부분 각 증거들의 수집 과정은 앞서 본 형사소송법의 관련 규정들에 부합하여 그 합리적인 범위 내에서 이루어진 것으로 판단되고, 달리 그 위법

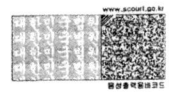

성이 확인되는 자료가 없다.

2) 증거목록 순번 70, 71, 76, 77, 193, 194의 각 증거들 관련

피고인 및 변호인들은, 이 사건 기독자유당 전당대회와 관련한 위 각 증거들의 경우(증거목록 순번 70, 71의 각 증거들의 경우, 위 1)항의 주장 외에 이 부분 주장의 대상에도 포함), 이 부분 범죄혐의에 관한 고발도 없고, 아직 인지절차도 없는 상황에서 수집되었으므로 그 증거능력이 인정될 수 없다는 취지의 주장을 한다.

그러나 이 역시 앞서 살핀 바와 같이 정식의 인지절차가 이루어지기 전에 수사를 하였다는 이유만으로는 그 수사가 위법하다고 볼 수 없고, 같은 이유로 그 수사과정에서 작성된 피의자신문조서나 진술조서 등의 증거능력도 이를 부인할 수 없는 것이므로(대법원 2001. 10. 26. 선고 2000도2968 판결 참조), 위 거시된 사정만으로 이 부분 각 증거들의 증거능력이 배척된다고 볼 수 없다.

3) 증거목록 순번 116 내지 119, 152, 173의 각 증거들 관련

피고인 및 변호인들은, 위 각 증거들의 경우, 그 수사의 착수가 불법일 뿐만 아니라, 사단법인 평화나무가 고발한 사건의 경우에는 청탁수사에도 해당하는바, 피고인이 이러한 사정을 알지 못한 채 수사기관에서 진술한 내용은 기망에 따른 진술이므로 그 증거능력이 인정될 수 없다는 취지의 주장을 한다.

그러나 이 역시 앞서 제1의 나.항에서 살핀 바와 같이, 이 사건 수사의 착수가 위법하다거나, 이 사건 평화나무 고발장의 접수 등이 청탁수사라고 볼 수는 없으므로, 이 부분 피고인 및 변호인들의 주장 역시 받아들이지 아니한다.

4) 증거목록 순번 188, 189, 190의 각 증거들 관련

피고인 및 변호인들은, 위 증거들의 경우 이 사건 공소사실과 관련 없는 증거

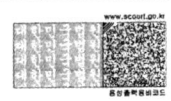

들이라는 이유로 그 증거능력이 부인된다는 취지의 주장을 아울러 하나, 위 증거들은 이 사건 2019. 12. 2.자 집회의 개최 경위 등에 관하여 그 장소의 계약자 및 대관 비용 지불과 관련된 것으로 이 사건과 무관하다고 할 수 없고, 더구나 공소사실과의 관련성 여부는 오히려 증거의 증명력에 관한 문제라고 할 것이므로, 이 부분 피고인 및 변호인들의 주장 또한 받아들이지 아니한다.

다. 소결

따라서 검사가 이 사건에서 제출한 증거들은 모두 그 증거능력이 인정되고, 이를 부인하는 취지의 피고인 및 변호인들의 주장은 받아들이지 아니한다.

Ⅳ. 유무죄 판단

1. 민주주의의 근간이 되는 표현의 자유

헌법 제21조 제1항은 모든 국민은 언론·출판의 자유를 가진다고 규정하여 표현의 자유를 보장하고 있다. 자유로운 의사 표현과 활발한 토론이 보장되지 않고서는 민주주의가 존재할 수 없으므로 표현의 자유는 곧 민주 사회의 근간이 되고, 이는 또한 사회의 여러 당면 과제들을 해결하기 위하여 이성을 지닌 우리 인간에게 보장된 가장 확실한 도구이자 수단이 된다. 다양한 이념과 의견들이 사상의 자유 시장에서 자유롭고도 충분한 토론을 거칠 수 있도록 하는 사회적 환경은, 만일 그것이 옳은 의견이라면 이를 더욱 분명하고 뚜렷하게 부각, 강화시키고, 만일 그것이 그른 의견이라면 우리 사회에서 자연스럽게 도태되도록 함으로써 사회는 더욱 건강하게 제 나아갈 방향을 찾을 수 있게 된다.

그러나 표현의 자유도 절대적, 무제한적인 것은 아니고 이는 필연적으로 타인의 권리나 명예, 존중되어야 할 기존의 사회질서 등과 충돌할 상당한 우려가 있으므로, 표

현의 자유 역시 다른 기본권과 마찬가지로 국가안전보장·질서유지 또는 공공복리를 위하여 법률로써 일정한 범위에서 제한이 가해질 수 있다(헌법 제37조 제2항). 다만 이를 최소한으로 제한함에 있어서도 표현의 자유의 근간과 그 본질을 해치지 않도록 법을 함부로 확장하여 해석하여서는 아니 되고, 표현의 자유가 이른바 숨 쉴 공간을 둘 수 있도록 엄격하게 그 제한 법령의 적용이 이루어져야 한다.

이러한 관점하에 아래에서는 항을 바꾸어 피고인에 대한 이 사건 각 죄의 성립 여부를 살펴본다.

2. 공직선거법위반의 점에 관한 판단

가. 인정사실

기록에 의하면, 피고인이 2018. 8. 10. 서울고등법원에서 공직선거법위반죄로 징역 6월에 집행유예 2년을 선고받고 같은 달 18일 그 판결이 확정된 후 아직 10년이 경과하지 아니한 사실, 이 사건 각 집회에서 이 부분 공소사실 기재의 방법으로 그 기재의 각 발언을 한 사실은 모두 인정된다(한편 이 법원의 심판대상 역시 이 부분 공소사실 기재의 각 발언에 국한된다는 점을 분명하게 밝혀 둔다).

나. 공직선거법 주요 조항 및 관련 법리

피고인의 이 사건 각 집회에서의 발언이 공직선거법이 정한 선거운동에 해당하는지를 판단하기 위하여 아래에서는 먼저 공직선거법의 주요 조항과 관련 법리를 살피기로 한다.

1) '선거운동' 관련 공직선거법 주요 조항

[공직선거법]
제58조(정의 등) ① 이 법에서 "선거운동"이라 함은 당선되거나 되게 하거나 되지 못하게

하기 위한 행위를 말한다. 다만, 다음 각 호의 어느 하나에 해당하는 행위는 선거운동으로 보지 아니한다.
1. 선거에 관한 단순한 의견개진 및 의사표시
2. 입후보와 선거운동을 위한 준비행위
3. 정당의 후보자 추천에 관한 단순한 지지·반대의 의견개진 및 의사표시
4. 통상적인 정당활동
5. 삭제
6. 설날·추석 등 명절 및 석가탄신일·기독탄신일 등에 하는 의례적인 인사말을 문자메시지(그림말·음성·화상·동영상 등을 포함한다. 이하 같다)로 전송하는 행위
② 누구든지 자유롭게 선거운동을 할 수 있다. 그러나 이 법 또는 다른 법률의 규정에 의하여 금지 또는 제한되는 경우에는 그러하지 아니하다.

제59조(선거운동기간) 선거운동은 선거기간개시일부터 선거일 전일까지에 한하여 할 수 있다. 다만, 다음 각 호의 어느 하나에 해당하는 경우에는 그러하지 아니하다.
1. 제60조의3(예비후보자 등의 선거운동) 제1항 및 제2항의 규정에 따라 예비후보자 등이 선거운동을 하는 경우
2. 문자메시지를 전송하는 방법으로 선거운동을 하는 경우. 이 경우 자동 동보통신의 방법(동시 수신대상자가 20명을 초과하거나 그 대상자가 20명 이하인 경우에도 프로그램을 이용하여 수신자를 자동으로 선택하여 전송하는 방식을 말한다. 이하 같다)으로 전송할 수 있는 자는 후보자와 예비후보자에 한하되, 그 횟수는 8회(후보자의 경우 예비후보자로서 전송한 횟수를 포함한다)를 넘을 수 없으며, 중앙선거관리위원회규칙에 따라 신고한 1개의 전화번호만을 사용하여야 한다.
3. 인터넷 홈페이지 또는 그 게시판·대화방 등에 글이나 동영상 등을 게시하거나 전자우편(컴퓨터 이용자끼리 네트워크를 통하여 문자·음성·화상 또는 동영상 등의 정보를 주고받는 통신시스템을 말한다. 이하 같다)을 전송하는 방법으로 선거운동을 하는 경우. 이 경우 전자우편 전송대행업체에 위탁하여 전자우편을 전송할 수 있는 사람은 후보자와 예비후보자에 한한다.

제254조(선거운동기간위반죄) ① 선거일에 투표마감시각전까지 이 법에 규정된 방법을 제

외하고 선거운동을 한 자는 3년 이하의 징역 또는 600만원 이하의 벌금에 처한다.
② 선거운동기간 전에 이 법에 규정된 방법을 제외하고 선전시설물·용구 또는 각종 인쇄물, 방송·신문·뉴스통신·잡지, 그 밖의 간행물, 정견발표회·좌담회·토론회·향우회·동창회·반상회, 그 밖의 집회, 정보통신, 선거운동기구나 사조직의 설치, 호별방문, 그 밖의 방법으로 선거운동을 한 자는 2년 이하의 징역 또는 400만 원 이하의 벌금에 처한다.

2) '선거운동'의 규범해석에 관한 기본원칙

가) 대의민주주의 체제에서 국민은 선거과정에서 제공되는 정치적 정보와 의견의 교환, 토론을 통하여 형성된 의사를 선거에 반영하여 국민주권과 주민자치의 원리를 실현한다. 선거가 금권, 관권, 폭력 등에 의한 타락선거로 전락하는 것을 방지하고, 선거운동의 기회균등을 담보하기 위하여는 선거의 공정성이 확보되어야 하며, 이를 위해서는 어느 정도 선거운동에 대한 규제가 행하여지지 않을 수 없다. 그러나 선거의 궁극적인 목적은 국민의 자유로운 의사를 대의기관의 구성에 정확하게 반영하는 데 있다. 자유선거의 원칙은 비록 우리 헌법에 명시되지는 않았지만 민주국가의 선거제도에 내재하는 법 원리이고(헌법재판소 1994. 7. 29. 선고 93헌가4, 6 전원재판부 결정 등 참조), 이를 실현하기 위해서는 선거과정에서 충분한 정보의 전달과 자유로운 의견의 소통이 이루어져야 한다. 또한 헌법상 모든 국민은 국가권력의 간섭이나 통제를 받지 아니하고 자유롭게 정치적 의사를 형성·발표할 수 있는 정치적 자유권을 가지고, 선거운동의 자유는 정치적 자유권의 주된 내용의 하나로서 널리 선거과정에서 의사를 표현할 자유의 일환이므로 표현의 자유의 한 태양이기도 하다(헌법재판소 1994. 7. 29. 선고 93헌가4, 6 전원재판부 결정, 헌법재판소 2004. 3. 25. 선고 2001헌마710 전원재판부 결정 등 참조). 자유로운 의사 표현과 활발한 토론이 보장되지 않고서는 민주주의

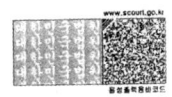

가 존재할 수 없으므로 표현의 자유, 특히 공적·정치적 관심사에 대한 정치적 표현의 자유는 중요한 헌법상 권리로서 최대한 보장되어야 한다(대법원 2020. 7. 16. 선고 2019도13328 전원합의체 판결 참조).

　나) 한편 공직선거법이 선거운동의 개념을 추상적·포괄적으로 설정하고 있는 관계로 정치인이나 일반 국민이 개개의 문제 되는 사안에서 선거운동과 그에 해당하지 아니하는 정치활동을 명백하게 구분하는 것이 현실적으로 쉽지 않은 사정을 감안하여, 사전선거운동 금지규정으로 인해 정치활동의 자유가 제약받지 않고 충분히 보장될 수 있도록 죄형법정주의 원칙에서 파생되는 명확성의 원칙에 따라 형사처벌의 전제가 되는 선거운동의 의미를 명확하고 제한적으로 해석할 것이 요청된다. 공직선거법은 사전선거운동만을 금지할 뿐 그에 해당하지 않는 통상적인 정치활동까지 규제하고 있지 않으므로 공직선거법 제58조 제1항의 선거운동 정의 규정은 정치활동의 한계를 설정함과 동시에 공직선거법상 금지되는 사전선거운동에 관한 처벌조항인 공직선거법 제254조 제2항의 구성요건을 이룬다.

　공직선거법 제58조 제2항 본문은 '누구든지 자유롭게 선거운동을 할 수 있다'고 규정하여 원칙적으로 선거운동의 자유를 보장하고 있다. 그러나 다른 한편으로 공직선거법 제59조 본문은 '선거운동은 선거기간 개시일부터 선거일 전일까지에 한하여 할 수 있다'고 하면서 단서에서 예비후보자의 선거운동이나 인터넷을 통한 선거운동 등 일부 예외를 인정하고 있을 뿐인데, 공직선거법상 선거운동을 할 수 있는 선거기간은 대통령선거 이외에는 14일에 불과하다(제33조 제1항 제2호). 이러한 선거운동 허용과 제한 방식 하에서 선거운동의 정의에 관한 공직선거법 제58조 제1항의 의미를 엄격하게 해석하지 아니한다면, 이는 선거운동의 자유를 원칙으로 규정한 공직선거법 제58

 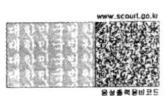

조 제2항 본문의 취지에도 반할뿐더러 죄형법정주의의 원칙에서 파생되는 명확성의 원칙에도 어긋나는 결과를 초래할 위험이 있다(이상 대법원 2016. 8. 26. 선고 2015도11812 전원합의체 판결 참조).

다) 나아가 이 사건 각 조항은 형벌법규이다. 형벌법규는 문언에 따라 엄격하게 해석·적용하여야 하고 피고인에게 불리한 방향으로 지나치게 확장해석하거나 유추해석하여서는 안 된다. 그리고 법률에 사용된 문언의 의미는 문언의 통상적인 의미를 살피는 외에도 해당 규정의 입법취지와 목적 등을 고려하여 그 문언의 논리적 의미를 분명히 밝히는 체계적·논리적 해석방법에 따라 그 규정의 본질적 내용에 가장 접근한 해석을 하여야 한다(대법원 2017. 12. 7. 선고 2017도10122 판결, 대법원 2020. 7. 16. 선고 2019도13328 전원합의체 판결 등 참조).

3) '선거운동'의 의미

가) 논의의 전제

앞서 본 바와 같이, 공직선거법은 제58조 제1항에서 '선거운동'의 정의를 '당선되거나 되게 하거나 되지 못하게 하기 위한 행위'로 규정하면서(다만 일정한 예외 사항을 같은 항에서 별도로 규정하고 있는 점은 앞서 '주요 조항'에서 보는 바와 같다), 같은 조 제2항 전문에서 "누구든지 자유롭게 선거운동을 할 수 있다."라고 규정하여 원칙적으로 선거운동의 자유를 보장하고 있다. 다만 그러면서도, 같은 조 제2항 후문은 "그러나 이 법 또는 다른 법률의 규정에 의하여 금지 또는 제한되는 경우에는 그러하지 아니하다."라고 규정하고 있고, 이에 그 이하의 조항들에서 이러한 선거운동의 방법 등을 다양하게 규제하는 방식으로 공직선거법의 편제가 구성되어 있다.

그리고 위 '선거운동'의 개념에 관하여, ① 대법원은 여러 차례 "'선거운동'

III. 부록   1. 판결문

은 특정 선거에서 특정 후보자의 당선 또는 낙선을 도모한다는 목적의사가 객관적으로 인정될 수 있는 행위를 말하는데, 이에 해당하는지는 행위를 하는 주체 내부의 의사가 아니라 외부에 표시된 행위를 대상으로 객관적으로 판단하여야 한다. 따라서 행위가 당시의 상황에서 객관적으로 보아 그와 같은 목적의사를 실현하려는 행위로 인정되지 않음에도 행위자가 주관적으로 선거를 염두에 두고 있었다거나, 결과적으로 행위가 단순히 선거에 영향을 미친다거나 또는 당선이나 낙선을 도모하는 데 필요하거나 유리하다고 하여 선거운동에 해당한다고 할 수 없다."(대법원 2016. 8. 26. 선고 2015도11812 전원합의체 판결, 대법원 2018. 4. 19. 선고 2017도14322 전원합의체 판결 등 참조)라고 판시하고 있고, ② 헌법재판소도 "선거운동이라 함은 특정 후보자의 당선 내지 이를 위한 득표에 필요한 모든 행위 또는 특정 후보자의 낙선에 필요한 모든 행위 중 당선 또는 낙선을 위한 것이라는 목적의사가 객관적으로 인정될 수 있는 능동적, 계획적 행위를 말하는 것으로 풀이할 수 있다. 즉, 단순한 의견개진 등과 구별되는 가벌적 행위로서의 선거운동의 표지로 당선 내지 득표(반대후보자의 낙선)에의 목적성, 그 목적성의 객관적 인식가능성, 능동성 및 계획성이 요구된다 할 것이다."(헌법재판소 2001. 8. 30. 선고 2000헌마121, 202 전원재판부 결정, 헌법재판소 2008. 10. 30. 선고 2005헌바32 전원재판부 결정 등 참조)라고 판시하여 '선거운동' 개념의 의미를 보다 구체화하면서 개별 사안에 대한 법 적용의 지침을 제시하고 있다.

이 사건의 경우, 검사는 ① 피고인이 이 사건 공소사실 중 제1의 가. 내지 라.항 기재 각 집회에서 '자유한국당을 비롯한 자유우파정당'을 지지해 달라는 취지의 발언을 하고, ② 제1의 마.항 기재 집회에서 '기독자유당'을 지지해 달라고 호소하여 각각 선거운동을 하였다는 것으로, 피고인이 제21대 국회의원선거에 출마하고자 하는 '특

정 개인'에 대한 선거운동을 하였다는 것이 아님은 이 부분 공소사실의 문언상 분명하다.

그렇다면 결국 이 사건 공직선거법위반죄의 성부와 관련한 핵심 쟁점은 '특정 정당'에 대한 지지만으로도 공직선거법이 정한 선거운동이 될 수 있는 것인지, 보다 구체적으로는 (지역구선거 및 비례대표선거를 불문하고) 위 선거운동의 개념상 필수요소인 '특정 후보자'의 개념에 특정 개인을 전제하지 아니한 특정 정당이 포함될 수 있는지 여부가 된다고 할 것이다.

아래에서는 위 쟁점의 판단을 위한 해석의 지표들을 순차 살피기로 한다.

나) '당선' 또는 '낙선'의 개념상 본질

먼저, 앞서 본 바와 같이 선거운동은 특정 선거에서 특정 후보자의 '당선' 또는 '낙선'을 위한 행위이다. 그런데 특정한 개인 후보자를 전제하지 않는 경우 당선 또는 낙선은 그 개념 자체를 상정할 수 없고, 이는 비례대표 국회의원선거에 있어서도 마찬가지이다. 특정 정당에 대한 투표만이 허용되는 현행 비례대표선거의 경우에도 정당은 그 득표율에 따라 배분되는 의석의 규모가 결정되는 것일 뿐, 당해 선거로서 해당 정당 자체가 '당선' 혹은 '낙선'되는 것이 아니기 때문이다.

이에 헌법재판소가 2004. 5. 14. 선고 2004헌나1 전원재판부 결정에서 "특정 정당의 득표를 목적으로 하는 행위도 필연적으로 그 정당의 추천을 받은 지역구 후보자의 당선을 목표로 하는 행위를 의미한다는 점에서, 특정 정당을 지지하는 발언도 선거운동의 개념을 충족시킬 수 있으나, 이 경우에도 특정 정당에 대한 지지발언을 통하여 당선시키고자 하는 정당 후보자가 특정될 수 있어야 한다."라고 판시한 것은 같은 맥락에서 이해될 수 있다.

이에 따르면, 공직선거법에서 정한 선거운동의 개념에 특정 개인 후보자의 존재가 요구되는 점은 그 정의 규정을 통하여서도 자연스럽게 도출된다.

다) 공직선거법의 체계

다음으로 공직선거법의 체계를 살펴본다.

공직선거법은 ① 제89조 제2항에서 '정당' 등은 선거일전 180일부터 선거일까지 당해 선거구민을 대상으로 '선거에 영향을 미치는 행위'를 하거나, 활동내용을 선거구민에게 알리기 위하여 '정당 등'의 명의나 그 명의를 유추할 수 있는 방법으로 선전할 수 없다고 규정하고 있고, ② 제90조 제1항에서 누구든지 선거일 전 180일부터 선거일까지 '선거에 영향을 미치게 하기 위하여' 그 각 호에 해당하는 행위를 할 수 없다고 하면서, '정당 등'의 성명사진 또는 그 명칭·성명을 유추할 수 있는 내용을 명시한 것은 선거에 영향을 미치게 하기 위한 것으로 본다고 규정하고 있으며, ③ 제93조 제1항에서 누구든지 선거일전 180일부터 선거일까지 '선거에 영향을 미치게 하기 위하여' 공직선거법의 규정에 의하지 아니하고 '정당 등'을 지지·추천하거나 반대하는 내용이 포함되어 있거나 '정당 등'의 명칭을 나타내는 광고 등을 배부·첩부·살포·상영 또는 게시할 수 없다고 규정하고 있는 반면, ④ 제122조의2 제2항에서는 "제1항에 따른 선거비용의 보전에 있어서 다음 각 호의 어느 하나에 해당하는 비용은 이를 보전하지 아니한다."고 규정하면서, 제5호에서 "이 법에 따라 제공하는 경우 외에 '선거운동과 관련하여' 지출된 수당·실비 그 밖의 비용"을 규정하고 있고, ⑤ 공직선거법 제256조 제3항 제1호에서 '선거운동과 관련하여' 다음 각 목의 어느 하나에 해당하는 자를 처벌하고 있는데, 그 각 목은 모두 '공직선거법 제7장 선거운동'에 편제된 조항들 중 16개 조항의 위반행위를 규정한 것이다.

이에 따르면, 공직선거법은 특정한 개인 후보자의 존재를 상정할 수 있는 경우에 이르러서야 비로소 '선거운동'의 개념을 명시적으로 사용하고 있는 반면, 그렇지 아니하고 그 특정한 개인 후보자의 존재를 아직 상정할 수 없는 경우에 대해서는 위의 경우와 구별하여 '선거에 영향을 미치게 하기 위하여', 혹은 '선거에 영향을 미치는 행위' 등의 표현을 사용하고 있는 점을 알 수 있다.

즉 공직선거법의 규정 체계에 의하더라도 공직선거법에서 정한 '선거운동'은 특정한 개인 후보자의 존재를 전제로 함이 분명하다.

라) 비례대표선거와 관련하여 이를 달리 해석할 여지가 있는지 여부

(1) 한편 공직선거법(구법 포함)은 시·도의원선거의 경우 2002. 3.경까지5), 국회의원선거의 경우 2004. 3.경까지6) 각각 공직선거법의 관련 규정이 변경7)될 때까지 지역구선거에서 정당이 얻은 득표비율에 따라 비례대표의원의 의석을 배분하는 방식의 이른바 1인 1표제를 채택하여 오다가, 위 각 시점 이후부터 1인 2표제를 도입하여 전형적인 정당명부식 비례대표제가 도입되기에 이르렀다. 그렇다면 위 각 시점 무렵부터 공직선거법에 따른 비례대표제의 선거에 있어 특정 정당에 대한 지지는 지역구 후보자에 대한 것과 분리되고, 이로써 선거운동의 개념 및 의미와 관련하여서도 당초 입법자가 상정한 상황과는 일정한 차이가 발생한 것으로 볼 여지가 있다.

그러나 비례대표선거와 관련하여 1인 2표제가 도입된 이후에도 공직선거법

---

5) 구 공직선거및선거부정방지법(2002. 3. 7. 법률 제6663호로 개정되기 전의 것) 제146조 (선거방법) ② 투표는 직접 또는 우편으로 하되, 1인 1표로 한다.
6) 구 공직선거및선거부정방지법(2004. 3. 12. 법률 제7189호로 개정되기 전의 것) 제146조 (선거방법) ② 투표는 직접 또는 우편으로 하되, 1인 1표로 한다. 이 경우 시·도의원선거에 있어서는 지역구시·도의원선거 및 비례대표시·도의원선거마다 1인 1표로 한다.
7) 현행 공직선거법 제146조(선거방법) ② 투표는 직접 또는 우편으로 하되, 1인 1표로 한다. 다만, 국회의원선거, 시·도의원선거 및 자치구·시·군의원선거에 있어서는 지역구의원선거 및 비례대표의원선거마다 1인 1표로 한다.

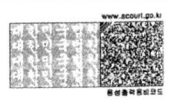

제58조 제1항에 따른 선거운동의 정의(당선되거나 되게 하거나 되지 못하게 하기 위한 행위) 규정은 변함이 없었던바, 이는 선거운동의 의미에 관한 입법자의 의도가 이전과 동일하게 유지되고 있는 것으로 볼 것이고, 그렇다면 이 경우 아무런 규정상의 변화가 없는 상황임에도 사후적으로 도입된 제도의 변화에 따라 형사처벌의 대상이 되는 '선거운동'의 개념을 함부로 확장하여 해석하는 것은 죄형법정주의 및 명확성의 원칙에도 어긋나는 해석에 해당하여 허용될 수 없다.

아울러 비례대표 선거제라 하더라도 국민은 정당에 대한 지지를 통하여 종국적으로는 비례대표'후보자'들의 당락을 결정하게 되는 것이다. 그리고 이와 같이 볼 때에 비로소 비례대표제를 통하여서도 직접선거의 원칙이 충족될 수 있는 것인바[8], 비례대표 선거제의 경우에도 이를 통해 향후 그 당락이 결정되는 개별 후보자들의 존재를 전제하지 않고서는 선거운동의 개념을 논할 수 없다.

(2) 만일 이와 같이 해석하지 아니할 경우, 특정 정당에 대한 지지 혹은 반대의 발언 등은 모두 공직선거법상 '선거운동'의 개념에 포섭되어 그 규제의 영역이 지나치게 확장될 수 있다. 특히 공직선거법은 제59조 본문에서 "선거운동은 선거기간개시일부터 선거일 전일까지에 한하여 할 수 있다."라고 규정하여 기본적으로 선거운동기간 전의 선거운동을 엄격히 규제하고 있는바, 특정 정당에 대한 지지 혹은 반대의 발언 등과 관련한 규제의 범위를 명확하고도 엄격히 제한하지 않는다면 국민의 정당 지지 등에 관한 자유로운 의견 표명은 언제든 사전선거운동 등 위법한 선거운동에 해당되어 형사처벌의 대상이 될 수 있고, 이는 국민의 정치적 의사표현의 자유를 보장하고 있는 헌법의 정신에도 반하는 규범해석에 해당한다.

[8] 헌법재판소도 이러한 취지에서 이른바 고정명부식 비례대표제의 채택 자체가 직접선거원칙에 위반된다고 할 수 없다고 판시하였다(헌법재판소 2001. 7. 19. 선고 2000헌마91, 112, 134 전원재판부 결정 참조).

4) 소결

이상의 검토 결과를 종합하면, 결국 공직선거법이 정한 선거운동에 해당하기 위하여는 반드시 (특정 정당이 아닌) 특정 개인 후보자의 존재가 필요하다고 봄이 상당하고, 개별 후보자들을 특정할 수 없는 상황에서 이루어진 특정 정당에 대한 지지만으로는 위 선거운동의 개념을 충족할 수 없다.

다. 이 사건의 경우

이러한 법리를 토대로 아래에서는 이 사건 각 집회에서의 피고인의 발언이 공직선거법에 따른 선거운동에 해당하는지 살펴본다.

1) 먼저, 이 사건 공소사실 중 제1의 가. 내지 라.항 기재 각 집회에서의 발언을 살펴보건대, 검사는 이 부분 각 피고인의 발언이 '자유한국당을 비롯한 자유우파 정당'을 지지하였다는 것이고, 실제 ① 이 사건 2019. 12. 2.자 집회에서는 "내년 4월 15일 날 '자유우파 정당'들이 연합을 하든지 해서 300석 중에 200석을 확보해야 대한민국이 산다. 만약에 반대로 주사파 정당이 3분의 2를 하고 '자유한국당을 중심한 우파정당'이 100석을 한다면 국가해체다."라는 발언이, ② 이 사건 2019. 12. 5.자 집회에서는 "내년 4월 15일 총선에서 '자유우파 정당'들이 합쳐서 200석을 하면 모든 것이 가능해집니다. …(중략)…우리 보수우파의 최고의 대표되는 '황교안' 대표의 지략에 우리는 다 따라야 합니다."라는 발언이, ③ 이 사건 2019. 12. 7.자 집회에서는 "내년 총선에서 '자유우파 정당'들이 합하여 우리가 3분의 2, 200석을 해야 되는 것입니다. '우파정당'을 이끄는 '황교안' 대표님에게 자유대연합을 완성하기를 부탁드립니다. 자유우파 국민들이 황교안을 대표로 뽑은 이상 반드시 우리가 하나가 되어서 4월 15일 날 이겨야 되는 것입니다."라는 발언이, ④ 이 사건 2019. 12. 9.자 집회에서는 "내년 4월 15일 총선에서 '자

유우파 정당'들이 다 합쳐서 200석을 하면 대한민국은 제2의 건국을 할 수 있습니다."
라는 발언이, ⑤ 이 사건 2019. 12. 10.자 집회에서는 "내년 4월 총선에서 200석을 '자
유우파연대' 국회의원들이 당선되어야 이 나라를 지킬 수 있다. 수도권에서 '자유우파
연대'가 100석을 먹으면 대한민국은 존재하고 실패하면 우리가 애쓴 보람은 모두 사라
진다."라는 발언이 각각 있었던 사실은 앞서 본 바와 같다.

그런데 위 각 집회에서 공통적으로 사용된 '자유우파 정당' 혹은 '자유우파연대'
라는 개념은 피고인의 이 법정에서의 진술에 따르더라도 '대한민국 헌법과 자유민주주
의를 수호하는 세력'을 뜻한다는 것으로(피고인신문 녹취서 5, 44, 46쪽 등), 이에 더하
여 피고인의 전체 발언의 취지 등에 비추어 볼 때 기본적으로 보수적 성향을 지닌 정
당이라는 막연한 추측이나 짐작이 가능하기는 하나, 그 의미 자체가 추상적이고 모호
하여 위 각 개념의 외연의 범위를 확정할 수 없고, 당시 있었던 30여 개의 정당9) 중
그에 해당되는 실제 정당을 명확히 특정할 수도 없다.

검사는, 이 사건 2019. 12. 2.자 집회에서 '자유한국당을 중심한 우파정당'이라는
표현이, 이 사건 2019. 12. 5.자 및 2019. 12. 7.자 각 집회에서 당시 자유한국당의 대
표인 '황교안'이 거론된 사정을 이유로, 피고인이 이른바 자유우파 정당의 대표격 정당
으로 '자유한국당'을 지지하는 발언을 하였다는 취지의 지적을 하는 듯도 하나, 피고인
의 이 부분 각 발언은 문맥상 '황교안을 필두로 하여 자유우파 정당들이 연합해야 한
다'는 정도의 취지로, 그 의미의 방점이 반드시 '자유한국당'의 지지에 놓여 있다고 보
기 어렵고(이를 통해 '황교안' 개인에 대한 지지를 호소하였다고는 더더욱 보기 어렵
다), 실제 '자유한국당'10)은 제21대 국회의원선거에서 정당으로 등록되지도 아니하였다.

---

9) 피고인이 위 발언을 하였을 무렵 중앙선거관리위원회에 등록된 정당은 모두 34개이다(검사의 2020. 10. 14.자 참고자료 참조).

(한편 검사는, 선거운동 여부는 피고인의 발언 당시 상황을 기초로 평가해야 하므로 그 지지 정당이 당해 선거일 이전에 소멸된 사정은 선거운동의 해당성 여부에 아무런 영향을 미치지 않는다는 취지로도 주장하나, 앞서 본 바와 같이 지역구선거뿐만 아니라, 비례대표선거의 경우에도 그 선거운동의 개념을 충족하기 위해서는 반드시 개별 후보자들의 존재가 요구되는 것인바, 개별 후보자들이 특정되기 이전에 소멸된 정당의 경우에는 당해 선거에 실제 참여하거나 참여하고자 했던 '특정 후보자'들과의 관련성도 단절되어 이 경우 선거운동의 또 다른 요건인 '특정 선거'와의 연관성마저도 희박해지고 만다.)

그뿐만 아니라 이 부분 공소사실 기재 총 5회의 집회 중 위 2019. 12. 2.자 집회를 제외하고는 '자유한국당'이 따로 언급되는 바가 없고(즉 이 부분 공소사실 기재 총 5회의 집회 중 '자유한국당'은 단 1회의 집회에서 언급되었을 뿐이다), 이 사건 2019. 12. 9.자 및 2019. 12. 10.자 각 집회에서는 '자유한국당'이나 '황교안' 어느 것도 그 표현이 언급되는 바가 없다(위 각 집회에서는 '자유우파 정당' 혹은 '자유우파 연대'가 거론되었을 뿐이다).

결국 피고인의 이 부분 각 집회에서의 발언에 따르면, 그 발언 내용만으로는 피고인이 지지하는 정당이나 후보자가 전혀 구체적으로 특정되지 아니하여 이 점에서 우선 이 부분 각 발언은 공직선거법이 정한 선거운동의 요건을 충족하지 아니한다.

2) 나아가 앞서 본 각 집회에서의 발언이 특정 정당에 대한 것으로 본다 하더라도 위 각 집회에서의 발언과 이 사건 공소사실 중 제1의 마.항 기재 이 사건 기독자유당 전당대회에서의 발언은, 아래에서 살피는 바와 같이 위 각 발언 당시 위 각 정당의

---

10) 자유한국당은 2020. 2.경 새로운보수당(분당 이전 정당: 바른미래당) 등과 미래통합당으로 합당하면서 소멸하였다.

'특정 후보자'가 존재하지 아니하였던 점에서도 공직선거법에 따른 선거운동에 해당한다고 볼 수 없다.

① 이 사건에서 문제된 제21대 국회의원선거와 관련하여, 그 후보자 등록은 2020. 3. 26.부터 같은 달 27일까지 사이에 양일간 이루어졌다(공판기록 중 검사의 2020. 10. 14.자 의견서에 첨부된 '제21대 국회의원선거 주요사무일정' 2쪽).

② 그런데 이 사건 각 집회는 2019. 12. 2.경부터 2020. 1. 21.경까지 사이에 개최된 것으로, 이때는 위 선거와 관련한 후보자 등록이 이루어지지 아니하여 아직 그 후보자 특정이 되지 아니한 시점임이 역수상 분명하다.

(한편 검사가 지역구선거를 전제로 특정 개인 후보자에 대한 지지를 이유로 이 사건의 공소제기가 되지 아니하였음은 이 부분 공소사실의 문언상 분명한바, 이 사건 각 집회가 개최되었을 무렵 어떠한 개인이 '후보자가 되고자 하는 자'로서 선거에 입후보할 의사를 객관적으로 표출하는 상황에 해당하였는지 여부는 이 사건의 검토 대상이 되지 아니한다.)

3) 그렇다면 이 부분 공소사실 중 제1의 가. 내지 라.항 기재 각 집회에서의 발언은 그 지지하는 정당마저도 특정되지 아니하였을 뿐만 아니라, 이 부분 공소사실 기재 각 집회의 개최 당시에는 공직선거법에 따른 '선거운동'의 전제가 되는 '특정 후보자'가 존재하지 아니하였는바, 피고인의 이 부분 공소사실 기재 각 발언은 어느 모로 보나 공직선거법이 정한 '선거운동'에 해당하지 아니한다.

라. 소결

결국 검사가 제출한 증거들만으로는 피고인이 공직선거법에 따른 선거운동 및 이를 전제로 하는 각종 위반 행위를 하였음을 인정할 수 없고, 달리 이를 인정할 증거

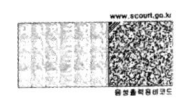

가 없다.

3. 명예훼손의 점에 관한 판단

　가. 관련 법리

　　1) 어느 시대, 어느 사회에서나 부정확하거나 바람직하지 못한 표현들은 있기 마련이다. 그렇다고 해서 이러한 표현들 모두에 대하여 무거운 법적 책임을 묻는 것이 그 해결책이 될 수는 없다. 일정한 한계를 넘는 표현에 대해서는 엄정한 조치를 취할 필요가 있지만, 그에 앞서 자유로운 토론과 성숙한 민주주의를 위하여 표현의 자유를 더욱 넓게 보장하는 것이 전제되어야 한다. 자유로운 의견 표명과 공개 토론과정에서 부분적으로 잘못되거나 과장된 표현은 피할 수 없고, 표현의 자유가 제 기능을 발휘하기 위해서는 그 생존에 필요한 숨 쉴 공간이 있어야 하기 때문이다. 따라서 명예훼손이나 모욕적 표현을 이유로 법적 책임을 지우는 범위를 좁히되, 법적으로 용인할 수 있는 한계를 명백히 넘는 표현에 대해서는 더욱 엄정하게 대응해야 한다.

　　표현의 자유를 보장하는 것은 좌우의 문제가 아니다. 진보든 보수든 표현을 자유롭게 보장해야만 서로 장점을 배우고 단점을 보완할 기회를 가질 수 있다. 비록 양쪽이 서로에게 벽을 치고 서로 비방하는 상황이라고 하더라도, 일반 국민은 그들의 토론과 논쟁을 보면서 누가 옳고 그른지 판단할 수 있는 기회를 가져야 한다. 정치적·이념적 논쟁 과정에서 통상 있을 수 있는 수사학적인 과장이나 비유적인 표현에 불과하다고 볼 수 있는 부분에 대해서까지 금기시하고 법적 책임을 지우는 것은 표현의 자유를 지나치게 제한하는 결과가 될 수 있다(이상 대법원 2018. 10. 30. 선고 2014다61654 전원합의체 판결 참조).

　　2) 표현의 자유와 명예보호 사이의 한계를 설정함에 있어서 표현된 내용이 사적

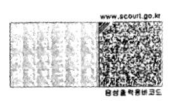

관계에 관한 것인가 공적 관계에 관한 것인가에 따라 차이가 있다는 점도 유의하여야 한다. 즉 당해 표현으로 인한 피해자가 공적인 존재인지 사적인 존재인지, 그 표현이 공적인 관심사안에 관한 것인지 순수한 사적인 영역에 속하는 사안에 관한 것인지, 그 표현이 객관적으로 국민이 알아야 할 공공성, 사회성을 갖춘 사안에 관한 것으로 여론형성이나 공개토론에 기여하는 것인지 아닌지 등을 따져보아 공적 존재에 대한 공적 관심사안과 사적인 영역에 속하는 사안 간에는 심사기준에 차이를 두어야 한다. 당해 표현이 사적인 영역에 속하는 사안에 관한 것인 경우에는 표현의 자유보다 명예의 보호라는 인격권이 우선할 수 있으나, 공공적·사회적인 의미를 가진 사안에 관한 것인 경우에는 그 평가를 달리하여야 하고 표현의 자유에 대한 제한이 완화되어야 한다(대법원 2016. 5. 24. 선고 2013다34013 판결 참조).

　　　당해 표현이 공적인 존재의 정치적 이념에 관한 것인 때에는 특별한 의미가 있다. 그 공적인 존재가 가진 국가·사회적 영향력이 크면 클수록 그 존재가 가진 정치적 이념은 국가의 운명에까지 영향을 미치게 된다. 그러므로 그 존재가 가진 정치적 이념은 더욱 철저히 공개되고 검증되어야 하며, 이에 대한 의문이나 의혹은 그 개연성이 있는 한 광범위하게 문제제기가 허용되어야 하고 공개토론을 받아야 한다. 정확한 논증이나 공적인 판단이 내려지기 전이라 하여 그에 대한 의혹의 제기가 공적 존재의 명예보호라는 이름으로 봉쇄되어서는 안 되고 찬반토론을 통한 경쟁과정에서 도태되도록 하는 것이 민주적이다(대법원 2002. 1. 22. 선고 2000다37524, 2000다37531 판결 참조).

　　　3) 한편 명예훼손죄에 있어서의 사실의 적시란 가치판단이나 평가를 내용으로 하는 의견표현에 대치되는 개념으로서 시간과 공간적으로 구체적인 과거 또는 현재의

사실관계에 관한 보고 내지 진술을 의미하는 것이며, 그 표현내용이 증거에 의한 입증이 가능한 것을 말하고, 판단할 보고 내지 진술이 사실인가 또는 의견인가를 구별함에 있어서는 언어의 통상적 의미와 용법, 입증가능성, 문제된 말이 사용된 문맥, 그 표현이 행하여진 사회적 상황 등 전체적 정황을 고려하여 판단하여야 한다(대법원 2008. 10. 9. 선고 2007도1220 판결, 대법원 2011. 9. 2. 선고 2010도17237 판결 등 참조).

4) 그렇다면 이러한 법리를 토대로 아래에서는 피고인이 공연히 허위의 사실을 적시하여 피해자의 명예를 훼손하였는지 여부를 살펴본다.

나. '피해자는 간첩' 발언에 관한 판단

1) 인정사실

기록에 의하면, 피고인이 이 사건 2019. 10. 9.자 집회에서 "왜 제가 문재인을 끌어내리고 하느냐? 문재인은 간첩입니다. 간첩. 문재인 간첩 입증의 영상을 지금부터 틀도록 하겠습니다. 문재인은 평창 동계올림픽에서 대한민국 간첩의 왕인 신영복을 가장 존경하는 사상가로 말했습니다. 이것은 간첩의 본체인 것입니다. 내가 존경하는 사상가 신영복은 누구인가? 간첩의 왕 신영복인데, 내가 가장 존경한다는 것은 문재인도 간첩이라는 것을 확신하십니까? 6·25 3대 전범 김원봉을 국군창시자의 영웅이라고 말했는데, 이거 간첩 아닙니까? 서독의 간첩 윤이상에게 어떤 짓을 했는지 보겠습니다. 서독의 간첩 윤이상의 묘지에 부인 김영숙을 보내서 동백나무를 헌화 하는 것을 보셨죠? 이거 간첩 아닙니까?"라고 말함으로써 '피해자는 간첩'이라는 발언을 한 사실이 인정된다.

2) '간첩'의 의미

피고인의 이 부분 발언이 의견표현에 대치되는 개념으로서의 '사실의 적시'에

해당하는지 본다.

 먼저 '간첩'의 사전적 의미는 '한 국가나 단체의 비밀이나 상황을 몰래 알아내어 경쟁 또는 대립 관계에 있는 국가나 단체에 제공하는 사람'에 해당하고, 형법도 제98조 제1항에서 "적국을 위하여 간첩하거나 적국의 간첩을 방조한 자는 사형, 무기 또는 7년 이상의 징역에 처한다."라고 규정하여 이러한 간첩 행위를 처벌하도록 하고 있는데, 이때의 간첩 역시 '적국에 제보하기 위하여 은밀한 방법으로 우리나라의 군사상은 물론 정치, 경제, 사회, 문화, 사상 등 기밀에 속한 사항 또는 도서, 물건을 탐지·수집하는 것'을 의미하며(대법원 2011. 1. 20. 선고 2008재도11 전원합의체 판결 등 참조), 국가보안법 또한 제4조 제1항 제2호에서 "형법 제98조에 규정된 행위를 하거나 국가기밀을 탐지·수집·누설·전달하거나 중개한 때에는 다음의 구별에 따라 처벌한다."라고 규정하여 간첩 행위를 그 내용별로 구별하여 처벌하도록 하고 있다. 이에 따르면, 간첩의 본래적 의미는 '적국을 위하여 국가기밀을 탐지·수집하는 사람'으로 볼 수 있다.

 그러나 한편, 대한민국은 아직까지 북한과 대치하고 있는 상황으로 인하여 위 '간첩'이라는 용어는 일상에도 파고들어 그 의미가 반드시 앞서 설시된 '적국을 위하여 국가기밀을 탐지·수집하는 사람'에만 국한되지 아니하고, 오히려 수사학적, 비유적 표현으로서 '대한민국의 정체성과 정통성을 부정하는 반국가·반사회적 세력'과 같은 의미에서부터 '북한에 우호적인 사람' 등에 이르기까지 그 시대적, 정치적, 나아가 발언하는 상황에 따라 다양한 의미로 확장, 변용되어 사용되고 있다. 이로써 청자로서 평균적인 일반인뿐만 아니라 그 표현의 대상이 된 사람까지도 이 말에 대하여 느끼는 감정이나 감수성은 가변적인바, 이에 위 '간첩'의 의미를 문맥이나 발언의 상황 등을 고려하지

아니한 채 일의적으로 단정하거나, 객관적으로 확정하기는 어렵다.

따라서 '간첩'이라는 용어를 사용하였다는 이유만으로 이를 곧바로 사실 적시라고 볼 수는 없고, 경우에 따라서는 그 표현의 대상이 된 사람이 취한 정치적 행보나 태도를 비판하기 위한 수사학적 과장으로서 단순한 의견 표명으로 볼 여지가 있다.

3) 판단

이에 살피건대, 피고인은 이 사건 2019. 10. 9.자 집회에서 "피해자는 간첩입니다."라고 발언한 다음, 피해자가 '간첩'인 근거를 나열하였는데, 그 근거로 제시되는 내용들이 '① 피해자가 평창 동계올림픽에서 간첩의 왕인 신영복을 가장 존경하는 사상가로 말하였고, ② 6·25 3대 전범 김원봉을 국군 창시자의 영웅이라고 말하였으며, ③ 서독의 간첩 윤이상의 묘지에 부인을 보내어 헌화하였다'는 것인 점을 알 수 있다.

그런데 이러한 내용이나 언동들은 그 자체로 앞서 본 간첩의 본래적 의미인 '적국을 위하여 국가기밀을 탐지·수집하는 행위'와는 무관하고, 위 발언의 맥락을 고려해 보면, 오히려 위 '간첩' 발언은 평균적인 일반인의 관점에서 볼 때 본래적 의미의 '적국을 위한 간첩'이라기보다는 '과거 간첩으로 평가되었던 사람들을 우호적으로 재평가하는 사람', 혹은 더욱 선해하더라도 '북한에 우호적인 사람' 정도로 이해되거나 해석될 여지가 크다.

한편 일정한 의견을 표명하면서 그 의견의 기초가 되는 사실을 따로 밝히고 있는 표현행위는 적시된 기초 사실만으로도 타인의 사회적 평가가 침해될 수 있는 때에는 명예훼손이 성립할 수 있는 것이나(대법원 2015. 9. 10. 선고 2013다26432 판결 등 참조), 우선 검사는 이 부분 공소제기에 있어 위 간첩 발언의 근거로 제시된 기초사실 부분(위 ①, ②, ③ 부분)의 허위성은 이 사건의 판단대상으로 삼지 아니하였고,

Ⅲ. 부록   1. 판결문

 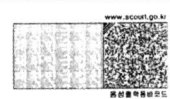

이에 그 허위성에 대한 입증이 이루어지지도 아니하였다. 더구나 피고인이 언급한 피해자의 위 언동은 그 핵심적 사실들이 객관적인 자료들로 뒷받침되고(증 제77, 82, 84호 등), 그 적시된 사실만으로 피해자의 사회적 평가가 침해된다고 보기도 어렵다.

따라서 피고인이 한 '피해자는 간첩' 발언은 공적 인물인 피해자의 정치적 성향 내지 이념을 비판하는 취지의 의견 표명 내지 그에 대한 수사학적 과장으로 보일 뿐, 검사가 제출한 증거들만으로는 위 발언을 사실의 적시라고 보기는 어렵다.

다. '피해자가 대한민국의 공산화를 시도했다'는 발언에 관한 판단

1) 인정사실

기록에 의하면, 피고인이 이 사건 2019. 12. 28.자 집회에서 "오늘날 대한민국 사회에서 저 문재인 주사파 일당이 지금 와서 김일성을 선택하는 것은 용서할 수 없는 것입니다. 존경하는 국민 여러분, 원래 좌파 종북 빨갱이들은 거짓말의 선수들입니다. 김일성도 거짓말, 박헌영도 거짓말, 문재인도 거짓말쟁이입니다. 서독의 간첩 윤이상에게 부인을 보내서 참배를 하게 하는가 하면, 공산주의자 조국을 앞세워 대한민국을 공산화 시키려고 시도했던 것입니다. 조국이가 쓴 논문을 보면 대한민국을 반드시 공산화 시킨다고 쓰여 있습니다."라고 말함으로써 '피해자가 대한민국의 공산화를 시도했다'는 취지의 발언을 한 사실이 인정된다.

2) 판단

가) 위 '피해자가 대한민국의 공산화를 시도했다'는 발언이 명예훼손죄의 성립을 위한 '사실 적시'에 해당하는지를 보건대, 이때 사실의 적시란 의견표명이나 가치판단 혹은 평가와는 구별되는 개념으로서 그것이 증거에 의하여 입증 가능한 것을 의미하는 점은 앞서 관련 법리에서 살핀 바와 같다.

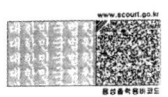

나) 먼저 공산화의 문언적, 사전적 의미는 '공산주의 사회로 변화함 혹은 그렇게 되게 함' 정도로 이해될 수 있는데, '공산주의'라는 개념 자체만으로도 과연 우리 사회에서 정치적 이념으로서 일의적이고 확정적인 공산주의라는 개념이 존재하는지 심히 의문이 든다[여기에 덧붙여진 '-화(化)'의 개념은 그 의미를 더욱 구체화시킬 수 없게 한다].

실제로 피고인은 이 날의 집회(2019. 12. 28.자)에서 '피해자가 공산화를 시도했다'는 점의 근거로, ① '(피해자가) 서독의 간첩 윤이상에게 부인을 보내 참배를 하게 하였다', ② '공산주의자 조국을 앞세워 대한민국을 공산화 시키려고 시도했다. 조국이 쓴 논문을 보면 대한민국을 반드시 공산화 시킨다고 쓰여 있다'는 점을 각각 들었다. 그런데 위 각 근거들의 진위 여부는 일단 차치하고라도, 위와 같이 제시된 근거들에 기초하여 곧바로 '피해자가 공산화를 시도했다'는 결론이 도출될 수 없는 점은 분명한 바(즉 동일한 기초 사실에 근거하면서도 다른 결론의 도출이 가능하다면, 이는 이미 사실의 적시로서의 '사실관계에 관한 보고 내지 진술'의 영역을 벗어나는 것으로 볼 여지가 크다), 위와 같은 발언의 맥락을 고려하면 피고인은 자신 나름대로의 근거를 제시하면서 피해자의 정치적 행보 혹은 태도에 관한 비판적 의견을 표명한 것으로 보일 뿐, 이를 두고 어떠한 증거에 의하여 그 입증이 가능한 '사실'을 적시한 것이라고는 도저히 보기 어렵다.

다) 한편 이 부분 발언과 관련하여서도, 일정한 의견을 표명하면서 적시한 기초 사실만으로도 타인의 사회적 평가가 침해될 수 있는 때에는 명예훼손이 성립될 수 있는 것이지만, 검사는 이 부분 공소제기에 있어서도 위 공산화 시도 발언의 근거로 제시된 사실 부분의 허위성을 이 사건의 판단대상으로 삼지 아니하였고, 이에 그 허위

성 여부는 입증의 대상이 되지도 아니하였다[더구나 피해자의 부인이 윤이상의 묘소에 참배한 사실이 있는 점은 앞서 본 바와 같고, 조국이 "소비에트 사회주의 법·형법이론의 형성과 전개에 관한 연구"라는 제목으로 사회주의 관련 주제를 다룬 논문을 작성한 사실(증 제86호)이 확인되기는 한다].

라) 이러한 사정에다가 피해자는 현직 대통령이자 정치인인 공인으로서, 공적인 존재의 정치적 이념에 대한 검증은 사상의 자유 시장에서 더욱 자유롭게 이루어질 수 있어야 하고, 허위 사실에 기초하거나 이를 전제하지 아니한 나름의 검증 결과로 제시된 표현들에 대해서까지 형사처벌의 잣대를 들이댈 수 없다는 법리를 아울러 보태어 보면, 피고인이 한 '피해자가 공산화를 시도했다'는 발언 역시 검사가 제출한 증거들만으로는 사실의 적시라고 보기는 어렵다.

라. 소결

결국 검사가 제출한 증거들만으로는 피고인이 공연히 허위의 사실을 적시하여 피해자의 명예를 훼손하였다고 인정하기에 부족하고, 달리 이를 인정할 만한 증거가 없다(검사는 전쟁을 경험하고 지금도 분단 중인 우리나라의 현실에서 어떤 사람을 간첩 또는 간첩행위를 하고 있다거나, 공산화를 시도하고 있다거나 하는 등의 표현은 표현의 자유의 한계를 넘는 것이라고 주장하는데, 그와 같은 우리나라의 현실에서 '간첩', '공산화' 등이 부정적 의미로 사용된다 하더라도, 누군가에게 그러한 부정적 표현을 했다 해서 이를 부당한 표현이라는 평가를 넘어 바로 형사처벌의 대상인 명예훼손이라고 단정할 수는 없다).

V. 결론

그렇다면 이 사건 공소사실은 모두 그 범죄의 증명이 없는 경우에 해당하므로, 형사

소송법 제325조 후단에 따라 피고인에게 무죄를 선고하고, 형법 제58조 제2항 본문에 따라 이 판결의 요지를 공시하기로 한다.

VI. 위헌법률심판제청신청에 관한 판단

1. 주위적 신청에 관한 판단

가. 신청대상 법률조항 및 관련조항

[신청대상 법률조항]

공직선거법

제254조(선거운동기간위반죄)

② 선거운동기간 전에 이 법에 규정된 방법을 제외하고 선전시설물·용구 또는 각종 인쇄물, 방송·신문·뉴스통신·잡지, 그 밖의 간행물, 정견발표회·좌담회·토론회·향우회·동창회·반상회, 그 밖의 집회, 정보통신, 선거운동기구나 사조직의 설치, 호별방문, 그 밖의 방법으로 선거운동을 한 자는 2년 이하의 징역 또는 400만 원 이하의 벌금에 처한다.

제18조(선거권이 없는 자)

① 선거일 현재 다음 각 호의 어느 하나에 해당하는 사람은 선거권이 없다.

3. 선거범, 「정치자금법」 제45조(정치자금부정수수죄) 및 제49조(선거비용관련 위반행위에 관한 벌칙)에 규정된 죄를 범한 자 또는 대통령·국회의원·지방의회의원·지방자치단체의 장으로서 그 재임 중의 직무와 관련하여 「형법」(「특정범죄가중처벌 등에 관한 법률」 제2조에 의하여 가중처벌되는 경우를 포함한다) 제129조(수뢰, 사전수뢰) 내지 제132조(알선수뢰)·「특정범죄가중처벌 등에 관한 법률」 제3조(알선수재)에 규정된 죄를 범한 자로서, 100만 원 이상의 벌금형의 선고를 받고 그 형이 확정된 후 5년 또는 형의 집행유예의 선고를 받고 그 형이 확정된 후 10년을 경과하지 아니하거나 징역형의 선고를 받고 그 집행을 받지 아니하기로 확정된 후 또는 그 형의 집행이 종료되거나 면제된 후 10년을 경과하지 아니한 자(형이 실효된 자도 포함한다)

[관련조항]

공직선거법

제60조(선거운동을 할 수 없는 자)
① 다음 각 호의 어느 하나에 해당하는 사람은 선거운동을 할 수 없다. 다만, 제1호에 해당하는 사람이 예비후보자·후보자의 배우자인 경우와 제4호부터 제8호까지의 규정에 해당하는 사람이 예비후보자·후보자의 배우자이거나 후보자의 직계존비속인 경우에는 그러하지 아니하다.
3. 제18조(선거권이 없는 자) 제1항의 규정에 의하여 선거권이 없는 자

제255조(부정선거운동죄)
① 다음 각 호의 어느 하나에 해당하는 자는 3년 이하의 징역 또는 600만 원 이하의 벌금에 처한다.
2. 제60조(선거운동을 할 수 없는 자) 제1항의 규정에 위반하여 선거운동을 하거나 하게 한 자 또는 같은 조 제2항이나 제205조(선거운동기구의 설치 및 선거사무관계자의 선임에 관한 특례) 제4항의 규정에 위반하여 선거사무장 등으로 되거나 되게 한 자

나. 신청이유의 요지

　　이 부분 신청대상 법률조항 중 ① 선거운동의 기간을 규제하는 '공직선거법 제254조 제2항'은 국민의 선거운동의 자유를 과잉 제한하여 국민의 선거권 및 정치적 표현의 자유를 제한하고, ② 선거범의 선거권을 제한하는 '같은 법 제18조 제1항 제3호 중 선거범으로 형의 집행유예의 선고를 받고 그 형이 확정된 후 10년을 경과하지 아니한 자' 부분은 선거범의 선거권 및 평등권을 침해할 뿐만 아니라, 보통선거의 원칙에도 반하므로, 모두 위헌이다.

다. 재판의 전제성 유무

　　1) 관련 법리

　　　법원이 어느 법률의 위헌 여부의 심판을 제청하기 위하여는, 당해 법률이 헌

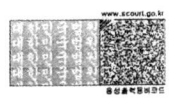

법에 위반되는 여부가 재판을 하기 위한 전제가 되어야 하는바, 여기에서 재판의 전제가 된다고 함은, 구체적 사건이 법원에 계속 중이어야 하고, 위헌 여부가 문제되는 법률이 당해 소송사건의 재판에 적용되는 것이어야 하며, 그 법률이 헌법에 위반되는지의 여부에 따라 당해 사건을 담당하는 법원이 다른 판단을 하게 되는 경우를 말한다(대법원 2002. 9. 27. 자 2002초기113 결정 등 참조).

  2) 판단

  이 사건에서 검사는, ① 이 부분 신청대상 법률조항인 공직선거법 제254조 제2항을, 또한 ② 같은 법 제255조 제1항 제2호, 제60조 제1항 제3호, 제18조 제1항 제3호를 각 그 적용법조로 하여 피고인에 대한 공소를 제기하였는바, 이 부분 각 신청대상 법률조항은 이 사건의 재판에 적용되는 것으로 볼 수는 있다.

  그런데 앞서 IV.2.항에서 본 바와 같이, 이 부분 공소제기의 대상이 된 피고인의 각 행위는 이 부분 신청대상 법률조항인 공직선거법 제254조 제2항 및 마찬가지로 이 부분 신청대상 법률조항인 같은 법 제18조 제1항 제3호의 적용을 전제로 하는 같은 법 제255조 제1항 제2호에서 정한 '선거운동'에 해당하지 아니하여 위 각 처벌조항의 규제의 범위에 포함되지 아니한다. 따라서 이 부분 각 신청대상 법률조항의 위헌 여부에 따라 이 법원이 이 사건 공직선거법위반 부분에 관하여 다른 내용의 재판을 하게 된다고 볼 수 없다.

  라. 소결

  결국 이 사건 주위적 위헌법률심판제청신청은 그 재판의 전제성이 인정되지 아니하여 부적법하다[더구나 헌법재판소는 이미 신청대상 법률조항 중 ① 공직선거법 제254조 제2항이 명확성 원칙, 선거운동 등 정치적 표현의 자유를 침해하지 않아 헌법에

위배되지 아니한다고 결정하였고(헌법재판소 2016. 6. 30. 선고 2014헌바253 전원재판부 결정 등 참조), ② 공직선거법 제18조 제1항 제3호 중 '선거범으로서 형의 집행유예의 선고를 받고 그 형이 확정된 후 10년을 경과하지 아니한 자'에 관한 부분도 청구인들의 선거권을 침해하지 아니한다고 결정한바 있다(헌법재판소 2018. 1. 25. 선고 2015헌마821, 834, 917 전원재판부 결정 참조)].

2. 예비적 신청에 관한 판단
  가. 신청대상 법률조항

> 공직선거법
> 제58조(정의 등)
> ① 이 법에서 "선거운동"이라 함은 당선되거나 되게 하거나 되지 못하게 하기 위한 행위를 말한다. 다만, 다음 각 호의 어느 하나에 해당하는 행위는 선거운동으로 보지 아니한다.
> 1. 선거에 관한 단순한 의견개진 및 의사표시
> 2. 입후보와 선거운동을 위한 준비행위
> 3. 정당의 후보자 추천에 관한 단순한 지지·반대의 의견개진 및 의사표시
> 4. 통상적인 정당활동
> 5. 삭제 <2014. 5. 14.>
> 6. 설날·추석 등 명절 및 석가탄신일·기독탄신일 등에 하는 의례적인 인사말을 문자메시지(그림말·음성·화상·동영상 등을 포함한다. 이하 같다)로 전송하는 행위

  나. 신청이유의 요지
    이 부분 신청대상 법률조항과 관련하여, 후보자의 특정은 선거의 자유와 국민의 정치적 표현의 자유를 보장하고 국민의 기본권과 공직선거법과의 충돌을 방지하기 위한 최소한의 요건이므로, 후보자의 특정이 이루어지기 전의 발언까지 선거운동에 포함되는 것으로 해석한다면 이 부분 신청대상 법률조항은 위헌이다.
  다. 판단

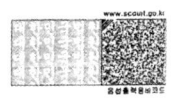

헌법재판소의 결정이 주문에서 헌법소원의 대상인 법률이나 법률조항의 전부 또는 일부에 대하여 위헌결정을 선고함으로써 그 효력을 상실시켜 법률이나 법률조항의 전부 또는 일부가 폐지되는 것과 같은 결과를 가져오는 것이 아니라, 그에 대하여 특정의 해석기준을 제시하면서 그러한 해석에 한하여 위헌임을 선언하는 이른바 한정위헌결정의 경우에는 헌법재판소의 결정에 불구하고 법률이나 법률조항은 그 문언이 전혀 달라지지 않은 채 효력을 상실하지 않고 존속하게 되므로, 이러한 한정위헌결정은 유효하게 존속하는 법률이나 법률조항의 의미·내용과 그 적용 범위에 관한 해석기준을 제시하는 법률해석이라고 할 수 있다. 헌법재판소법 제41조 제1항에 따른 법률의 위헌 여부 심판제청은 법원이 국회가 제정한 '법률'이 위헌인지 여부의 심판을 헌법재판소에 제청하는 것이지 그 법률의 의미를 풀이한 '법률해석'이 위헌인지 여부의 심판을 제청하는 것이 아니다. 따라서 한정위헌을 구하는 심판제청은 허용될 수 없다(대법원 2013. 3. 28. 선고 2012재두299 판결, 대법원 2018. 3. 20. 자 2017즈기10 결정 등 참조).

살피건대, 이 사건 예비적 위헌법률심판제청신청은 이 부분 신청대상 법률조항 자체의 위헌성이 아니라 위 조항에 대한 법원의 해석을 다투는 것에 해당함이 분명하므로, 앞서 본 법리에 따라 이는 결국 허용될 수 없는 위헌법률심판제청신청을 한 것으로서 부적법하다.

3. 결론

그렇다면 이 사건 주위적 위헌법률심판제청신청 및 예비적 위헌법률심판제청신청은 모두 부적법하므로, 이를 각하하기로 하여 주문과 같이 결정한다.

Ⅲ. 부록   1. 판결문

      재판장   판사   허선아 _____

                  판사   전혼자 _____

                  판사   최지헌 _____

등본입니다.

2020. 12. 30.

서울중앙지방법원

법원사무관 손 현 정

※ 각 법원 민원실에 설치된 사건검색 컴퓨터의 발급번호조회 메뉴를 이용하거나, 담당 재판부에 대한 문의를 통하여 이 문서 하단에 표시된 발급번호를 조회하시면, 문서의 위변조 여부를 확인하실 수 있습니다.

외신 인터뷰

대한민국과 기독교의 멸망을 부르는 문재인 정부 - 전광훈 목사, 그랜트 뉴샘

대단히 감사합니다. 좋은 아침입니다, 목사님. 인사드리게 되어 반갑습니다.

좋은 기회가 주어진 것을 감사하게 생각합니다.

미국 시청자에게 한국이 처한 상황에 대해 말씀해주시면 감사하겠습니다.

문재인 대통령은 당선 후 대한민국을 해체하고 북한으로 넘기려는 시도를 하고 있습니다. 이에 한국 교회와 자유우파 시민이 함께 저항하고 반대하니까 무차별적으로 탄압하였으며 감옥에 가두고, 경찰을 동원해 개개인을 조사하는 등 저항운동을 할 수 없도록 전제적 정치를 하고 있습니다.

목사님, 작년 그리고 그 이전에도 어려움을 겪으신 것으로 알고 있습니다. 4.15 총선 이전에도 말이죠. 구체적으로 어떤 어려움을 겪으셨나요? 문재인 정권으로부터 많은 압박을 받으셨다고 들었습니다.

이것은 오래 전부터 이어져 온 일입니다. 약 70년 전, 이승만 대통령이 대한민국을 건국할 당시 자유민주주의, 자유 시장경제, 한미동맹, 그리고 기독교 입국론을 바탕으로 하였습니다. 이때 강력하게 저항한 남로당의 박헌영이라는 지도자가 있었는데, 이 지도자를 중심으로 한 반대 세력이 건국을 방해하다가 결국 북한으로 도망갔습니다. 이후 그들은 70년 간 끊임없이 공작하며 이승만 대통령이 만들어 놓은 미국과 일본, 그리고 국제사회와 함께하는 자유 동맹으로부터 한국을 분리시키려고 했습니다. 그리고 한국이 북한, 중국, 러시아와 함께하는 공산 동맹을 맺도록 만들고자 했습니다. 만약 이를 반대하는 사람이 있을 경우 탄압했으며, 공작은 멈추지 않고 계속되었습니다. 2년 전, 저는 한국교회를 대표하는 한기총 대표회장으로서 문재인 대통령 취임 후 일어나는 일들을 도저히 용납할 수 없었기 때문에 시국선언문을 발표했습니다. 그때부터 정부는 10가지 이상의 혐의를 들며 저를 구속시키려고 했으나, 법원이 허락하지 않았습니다. 이후 제가 문재인 대통령에 대해 간첩 혐의를 제기하자 명예훼손 혐의로 구속시켰습니다. 그래서 저는 6개월 간 감옥살이를 하게 되었습니다. 제가 문재인 대통령에 대해 간첩 혐의를 제기한 근거는 그의 최근 언행에 있습니다. 문재인 대통령은 한국의 원자력 발전소를 해체하고 북한에 원자력 발전소를 지어주려 했으며, 미국의 펜스 부통령, 일본의 아베 총리 등 국제 사회 지도자들이 모두 모인 평창 동계 올림픽에서 북한의 수장을 존경한다고 노골적인 발언을 했습니다. 저는 이것을 보고 문제의식을 느껴 혐의를 제기했는데, 오히려 저를 구속시켰고 6개월 후 재판부에서 무혐의 처분을 내려 석방되었습니다. 석방된 후에는 광화문에서 예배할 때 헌금을 걷은 적이 있는데, 이것을 불법 모금으로 간주하여 저를 구속시키기 위해 갖은 시도를 하는 중입니다.

불법모금활동이라니요... 문재인 대통령의 상상력과 유머감각이 대단하네요. 목사님께서는 총선기간 동안 구금된 상태셨죠? 4월 20일에 석방되셨으니, 총선 후 약 5일간 감옥에 계셨네요. 이 점으로 미루어 보아 문재인 대통령은 총선기간에 목사님이 사라지기를 원한 것 같습니다. 왜일까요? 목사님이 사람들로부터 많은 지지를 받는 것을 두려워하는 것 같기도 한데요. 대통령이 목사님을 그토록 싫어하는 이유는 무엇입니까?

2년 전 저는 한기총 대표회장으로서 문재인의 정체성에 대해 7가지로 정리해 폭로한 적이 있습니다. 첫째로 문재인은 한미동맹을 파괴하려고 한다. 두 번째는 인류 역사상 유례없는 소득주도성장이라는 경제 정책으로 대한민국 경제를 붕괴시키려 하고, 세 번째는 우리나라 군대가 북한과 전쟁이 불가능한 수준으로 무장해제를 시킨 것입니다. 그리고 이전 정부에서 잘 정비한 4대강을 파괴하고 있을 뿐만 아니라 국제사회에서도 따돌림을 당하고 있습니다. 따돌리는 이유는 문재인 대통령이 세계정상회담에서 국제사회의 지원을 통해 북한의 김정은이 스스로 핵무기를 폐기하도록 만들자고 주장하기 때문입니다. 이렇게 문재인 대통령이 갖고 있는 간첩 사상, 의심되는 정황들로 문제 제기를 했는데 작년 4.15 선거에서 3분의 1에 해당하는 국회의원 의석수를 확보하기 위해 선거 전, 저를 구속시켰습니다. 그들은 언론, 시민단체, 국회까지 모두 점령한 상태입니다. 선거도 사기입니다. 선거 개표를 조작한 것은 말할 것도 없고, 선거 하루 전에 전 국민에게 100만 원, 즉 1000불씩 지급했습니다. 이런 방식으로 국민을 속이고, 단기적 보상에 빠지게 만든 상태에서 선거를 치렀습니다. 이때 저는 감옥에 갇혀있었습니다.

말씀 감사합니다. 이번에는 목사님께서 언급하셨던 한미동맹에 대해 이야기를 해볼까 합니다. 한미동맹의 중요성에 대해 말씀해 주시면 감사하겠습니다. 미국인들은 문재인 대통령의 발언을 들으며 그가 한미동맹을 대수롭지 않게 여긴다는 느낌을 받았습니다. 목사님께서 미국인들 그리고 대한민국 국민들에게 한미동맹의 중요성에 대해 한마디 해주시죠.

네, 한미동맹은 국가 간의 자존심 문제가 아닙니다. 1945년 8월 6일 일본 히로시마에 원자탄이 터지며 대한민국은 일본으로부터 해방되었습니다. 그때 우리 정부는 어떤 방향으로 나아갈지 결정해야 했는데, 이승만 대통령이 한미동맹을 기반으로 하여 대한민국을 건국했습니다. 그로부터 135년 전에는 미국에서 한국으로 파송되었던 선교사분들이 학교와 병원, 교회를 지어서 잠자는 한국을 깨워주었습니다. 미국이 한국에 준 가장 큰 도움은 1904년도에 건국 대통령과 이승만 대통령을 미국에 데리고 가서 조지 워싱턴 대학과 하버드 대학 석사, 프린스턴 대학 박사 학위를 취득하게 한 것입니다. 그 과정에서 이승만 대통령은 4가지 건국 기둥인 자유민주주의, 자유시장경제, 한미동맹 그리고 기독교 입국론을 마음속에 심게 되었습니다. 미국에서 잉태한 4가지 건국 기초를 바탕으로 3년 동안 준비하여 1948년 8월 15일에 건국했기 때문에, 대한민국은 어떻게 보면 미국이 낳은 나라라고 할 수 있습니다. 그 후에도 미국은 6.25 한국전쟁에 미군을 파송했는데, 약 4만 7천 명에 달하는 젊은이들이 희생되었다는 사실을 알고 나니 참 가슴이 아팠습니다. 또한 미국은 60년대 경제 개발 당시 한국의 모든 제품에 대해 세금도 받지 않았고, 현금 5억불로 도움을 주었습니다.

한국은 미국의 도움이 없었다면 민주화될 수 없었습니다. 이제 한국이 세계 10위권 안에 들며 국제 사회로부터 받은 도움을 갚을 수 있는 기회가 왔는데, 문재인 대통령은 북한에 포섭되어 완전히 다른 생각을 하고 있습니다. 저는 문재인 대통령이 북한에 포섭되었다고 생각하며, 한미동맹을 파괴하고자 하는 북한의 지시에 따라 행동하는 것으로 보고 있습니다. 현재 북한이 가장 원하는 것은 주한미군 철수입니다. 문재인 대통령은 본인 입만으로 주한미군 철수가 어려우니, 미국이 스스로 철수하도록 분위기를 만들며 시비를 거는 것입니다. 주한미군 주둔비용도 아직까지 타결하지 않고 미국과 대립 중이며, 심지어 미국에 있는 한국 대사가 공개적으로 "70년 전에는 미국을 선택했으나 지금은 다르다. 지금 우리는 중국을 선택해야 한다"고 말했습니다. 또한 외무장관도 미국 없이 살 수 있는 준비를 해야 한다는 공개적 발언을 끊임없이 하고 있습니다. 문재인 대통령은 그들을 뒤에서 조종하고 있으며, 대통령의 뒤에는 북한이 있습니다. 그래서 북한에서 그들이 원하는 대로 실행되지 않았을 때 문재인 대통령에 대해 서슴없는

욕을 하는데도 한마디 말을 못하는 것입니다. 오히려 북한에 저항하는 저 같은 사람들을 탄압합니다. 제가 구속된 것도 북한의 우리민족끼리 방송에서 '전광훈을 죽여 땅에다 묻어라'라고 방송한 이후 청와대가 북한의 명령에 따라 실행했기 때문입니다.

감사합니다. 목사님, 저는 해병대 출신입니다. 1980년대 한국에서 실시된 연합훈련도 몇 번 참가했는데, 당시 포항 근교에 있던 묘지에 간적이 있었습니다. 그곳에는, 한국전 당시 부산에서 싸운 미 해병대 제 1여단을 기리는 기념비가 있었는데, "바다를 건너 우리를 구하기 위해 온 젊은 미국인들에 감사를 표합니다." 라는 문구가 써져 있었습니다. 크기도 작고 표면이 마모되어 글을 또렷이 볼 수는 없었지만, 그 문구는 아직도 제 마음에 감동을 줍니다. 누군가 미국에 대해 회상하고 시간을 내어 감사의 말을 적은 거죠. 사실 미국에 대해 감사의 말을 하는 사람이나 나라를 찾아보기 힘듭니다. 네, 저도 목사님 말씀에 동의합니다. 한미동맹은 오래전부터 이어져왔습니다. 마치 친구가 되기를 원하는 두 국가가 서로를 돕기 위해 만든 것입니다. 그래서 한국 국민들, 특히 몇몇 정치인들이 한미동맹을 원치 않는다는 점, 그리고 이 동맹을 없애기 원한다는 점은 저희와 같은 미국인들이 받아들이기 힘듭니다. 이러한 내용을 좀 더 많은 사람들에게 알려야 한다고 생각합니다. 목사님께서 조금 전 말씀하신 한국이 세계에 미치는 영향에 대해 이야기를 나눴으면 합니다. 한미동맹이 깨진다면 어떤 일이 일어날 거라고 생각하십니까?

저는 미국이 2차 세계대전 이후 국제 사회에서 절대적으로 기여했다고 생각합니다. 그러나 레이건 대통령 이후에는 국제 사회를 이끌어가는 것이 조금 약해진 것 같습니다. 이번에 트럼프 대통령이 다시 한 번 미국의 강력한 국제사회를 리더십을 시도했으나 아시다시피 실패했는데, 저는 앞으로 미국이 레이건 대통령이 했던 것처럼 국제사회를 이끌지 않으면 국제사회 전체가 혼돈에 빠질 거라고 생각합니다. 그리고 이에 가장 큰 영향을 받는 나라가 한국이 될 거라고 생각합니다. 문재인은 사람을 속이는 재주가 있는데, 세 사람이 속았습니다. 첫째로 북한의 김정은을 속였어요. 북한이 핵무기를 보유한 상태더라도 미국의 트럼프 대통령이 이를 인정하고 도와줄 것이라고 거짓말했습니다. 다음으로는 한국 국민을 속였습니다. 아무리 나쁜 평화라도 전쟁보다는 낫다는 말로 국민을 속였습니다. 마지막으로 트럼프대통령을 속였습니다. 북한의 김정은이 핵무기를 해체하기로 했다, 한반도가 비핵화하기로 했다고 거짓말해서 확인하기 위해 싱가폴 회담과 하노이 회담을 했습니다. 그런데 만나보니 말이 달라 그 자리에서 결렬된 것 아닙니까. 이처럼 문재인은 국제사회와 대한민국을 속이며 본인이 원하는 낮은 단계 연방제를 거쳐 국가를 해체하고 북한으로 가려고 하는 것입니다. 이것은 한국만의 문제로 끝나지 않고 일본, 대만, 동남아로 확대될 것이기 때문에 대한민국에서 저지해야 합니다.

감사합니다. 저도 동의합니다. 한미동맹이 깨지면 빠른 속도로 그 결과가 나타날 것이고, 일본과 동남아, 그리고 다른 국가에서 변화를 느끼게 될 것입

니다. 이제는 주제를 살짝 바꿔서 인권에 대해 이야기하도록 하겠습니다. 북한의 인권은 정말 참혹한 수준입니다. 일례로 강제수용소의 경우 그 참상이 너무 끔찍해 눈물을 금할 길이 없습니다. 이 와중에 소수의 한국 국민은 북한 핵무기를 없애기 위해 인권 문제를 잠시 접어두는 것이 어떠냐는 말을 하고 있습니다. 목사님은 북한의 인권문제를 어떻게 보십니까? 크리스쳔으로서 이 문제를 어떻게 해결해야 한다고 보시는지요? 핵무기와 인권 중 어떤 것이 우선되어야 할까요? 북한 인권문제를 자주 접하지 못하는 상황에서, 무엇을 어떻게 해야 할까요?

이 모든 현상은 문재인이 국제사회에 거짓말을 하고 있기 때문입니다. 사실 미국에게 조금 아쉬운 점이 있습니다. 한국과 북한이 자유통일 할 수 있도록 적극적으로 행동하지 않기 때문입니다. 쉽게 말해 북한 정부가 무너지도록 손을 쓸 수 있을 텐데, 그렇게 하지 않는 것이 아쉽다는 것입니다. 개인적으로는 미국이 그렇게 하지 않는 이유가 한국과 북한이 통일되면 중국으로 가지 않을까하는 의심 때문인 것으로 추측하고 있습니다. 그러나 절대 그렇지 않습니다. 역사적으로 한국이 중화권에 예속되었던 것은 사실입니다. 한문과 종교, 구정과 추석 문화를 중국으로부터 받았기 때문에 예속된 느낌을 가지고 살기도 했습니다. 미국이 유럽에 대해 긍정적인 생각을 가지고 있는 것과 비슷합니다. 그러나 대한민국 건국 이후로는 완전히 달라졌습니다. 이제는 기독교가 주력 종교가 되었으며, 한글이라는 독자적인 언어를 사용합니다. 또한 미국의 자유분방한 문화를 바탕으로 BTS, 아이돌과 같은 문화를 즐기고 있습니다. 이제는 미국 입장에서 한국이 북한과 자유통일되어도 안심할 수 있는 단계이며, 오히려 한국이 중국의 민주화에 기여할 수 있을 것입니다. 특히 중국 문제의 경우 미국 혼자 해결하기 힘들 것이라고 생각합니다. 한국이 통일된다면 중국의 민주화에 결정적 기여를 할 수 있다고 생각하기 때문에, 미국은 한국이 자유통일될 수 있는 방향에 대해 고민해주셨으면 합니다. 북한의 인권 문제는 인류 역사가 시작된 이래로 가장 참혹한 것 같습니다. 한국에 있는 탈북자가 약 3만 6천 명인데, 그들의 증언을 들어보면 북한이라는 거대한 감옥에 인구 2500만을 가둔 것과 마찬가지라는 생각이 듭니다. 그곳에서 어떻게 인권을 말하겠습니까. 결국 한반도가 자유통일될 수 있도록 미국의 적극적인 지원이 필요합니다.

감사합니다, 목사님. 기회가 주어진다면, 목사님께서는 바이든 대통령이나 미 국회의원들에게 어떤 제안을 하시겠습니까? 미국은 지난 30여 년간 북한이 핵무기를 포기하고 남북의 평화 관계를 회복하도록 모든 방법을 사용해 왔는데요. 미국이 가능한 모든 방법을 사용해 온 것은 많은 사람들이 알고 있을 것입니다. 만약 바이든 대통령이나 미 국회의원들에게 10분간 제안할 수 있는 기회를 얻으셨다면, 뭐라고 말씀하시겠습니까? 어떤 제안을 하시겠습니까?

그동안 미국이 많은 시도를 한 것은 사실인데, 결정적으로 하지 못한 게 있습니다. 바로 북한에 대한 지원을 끊어내지 못한 것입니다. 국제사회를 속이며 중국을 통해서 비밀리에 진행되는 지원을 완전히 끊는다면 북한 문제는 단번에 해결될 수 있습니다. 특히 미군 모르게 중국을 통해 북한으로 들어가는 송유관을 가능한 빨리 차단해야 하고, 압록강으로 들어가는 물자에 대해 형식적 차단이 아닌 완전한 차단이 이루어져야 합니다. 이렇게 되면 북한은 한 달 안에 무너질 것입니다. 미국이 북한 지원을 차단하는 일에 적극적으로 임해준다면 북한의 핵무기나 인권과 같은 모든 나쁜 일들이 일시에 해결될 수 있다고 생각해 이 말씀을 드리고 싶습니다. 그리고 바이든 정부가 어떻게 할 것인지에 대해 조금 우려했었는데, 한 달밖에 안됐지만 지금까지는 북한에 대해 강경하게 나오는 것이 다행이라고 생각하고 있습니다. 그러나 이 정도로는 북한의 상황을 바꿀 수 없으므로 중국이 북한에 손댈 수 없도록 미국의 도움이 필요합니다.

네. 북한에 기름과 돈이 마르지 않는다는 말에 동의하고, 미국에서 이를 차단하려는 시도가 없었다는 것도 동의합니다. 여쭙겠습니다. 목사님은 구금되고, 고소당하는 등 많은 핍박을 받으셨습니다. 어떤 동기로 이런 일을 하십니까? 왜 이 일을 하고 계십니까? 골치 아픈 일들에 계속 큰 목소리를 내시는 이유는 무엇입니까?

첫째는, 신앙 때문입니다. 두 번째는 대한민국의 체제를 지키기 위함입니다. 이를 위해 제가 모든 것을 바쳐 일하고 있습니다. 미국에서 한국을 볼 때 '한국이 중국화 되었다' 또는 '중국처럼 되려고 한다' 등 오해하는 부분이 있는 것 같습니다. 미국의 학자와 연구소, 정치, 그리고 언론까지 오해하시는 것 같은데, 절대로 그렇지 않습니다. 제가 그 증거를 말씀을 드리겠습니다. 한국에는 미국이 심어놓은 1천 2백만 기독교인이 있습니다. 두 번째로는 가톨릭이 있습니다. 이 두 개를 합치면 한국 인구의 절반 수준입니다. 그 다음으로는 건국 후 70년 동안의 안보세력, 즉 군대를 갔다 온 사람, 장교로 일하는 사람 등을 합칠 수 있습니다. 이 때문에 만약 통일이 되고 나서 미국이 한국에게 중국으로 가라고 밀어도 절대 가지 않을 것이고 갈 수도 없습니다. 미국이 지금 한국에 대해 불안해하고 의심하는 것 같은데, 이 방송을 듣고 계신 분들과 학자 및 연구소, 언론 관계자분들은 절대 그런 의심을 하지 않길 바랍니다. 대한민국이 자유통일이 되면 오히려 미국이 다 하지 못하는 일을 한국이 도울 수 있습니다. 저는 신앙인이기 때문에 성경을 믿고, 성경 위에서 삶을 살고 있습니다. 인류 역사가 공유해 온 자유, 평등, 박애. 이것은 인류가 찾아낸 결론 아닙니까? 인간이 살아야 할 이유와 방향 말입니다. 이것이 어디서 나왔습니까? 기독교로부터 나온 것이죠. 기독교의 교리를 바탕으로 대한민국이 유지되어 왔기 때문에 저는 목사로서 이 정신을 지키기 위해 일하는 것입니다.

감사합니다. 흥미롭게도, 대한민국이 친중 성향으로 기울고 있으며 문재인 대통령이 북한과 한 길을 걸으려 하고 있다고 들었습니다. 그러나 일반 대중을 상대로 한 설문조사 결과를 보면 대한민국 국민의 90%가 한미동맹을 중요시한다고 합니다. 이 점이 정말 흥미롭습니다. 목사님과 목사님의 지지자들이 하시는 것처럼 한미동맹과 인권 및 자유민주주의를 만방에 알리는 활동을 하는 것이 중요합니다. 오늘 목사님과 대면해 목사님의 생각을 듣게 되어 기쁩니다. 많이 배웠습니다. 마지막으로 코로나 바이러스 관련해 하나

만 여쭙겠습니다. 제가 볼 때 한국이나 미국이나 코로나 바이러스를 정치적 무기로 사용하는 것 같습니다. 상대방을 공격하기 위해 사용하니까요. 한국에서는 이 바이러스를 정치적으로 어떻게 이용하고 있는지 말씀해 주시겠습니까?

코로나 바이러스 사건은 문재인의 정치 사기극입니다. 중국 우한에서 처음 코로나 바이러스가 발생했을 때, 사실 대만처럼 했어야 합니다. 일시에 모든 것을 중지했어야 합니다. 지금 현재 대만은 사망자가 7명밖에 안됩니다. 확진자가 700명이고요. 결국 대만은 세계 유일의 청정 국가가 되었습니다. 그런데 문재인 대통령은 대만이 일제히 통제하는 그 때, 오히려 우한 관광객들을 초청했습니다. 청와대에 놀러오라고 말이죠. 왜 그렇게 했느냐. 문재인 대통령은 지난 1년 동안 광화문 광장에서 눈이 오나 비가 오나 진행되었던 촛불집회로 세상이 뒤집히고 변하는 것을 보았기 때문에 한편으로 두려웠을 겁니다. 최근 촛불시위의 3~4배되는 규모의 집회가 진행되니 코로나 바이러스를 핑계로 광화문 집회를 모두 차단했습니다. 두 번째로는 4.15 총선에서 사기를 치기 위해 코로나를 이용했습니다. 그 후에도 국회에서는 법이 아닌 법, 악법들이 만들어지고 있는데, 국제 사회에서 보편적인 법과 비교하면 법으로써 가치가 없는 수준이 많습니다. 일례로 북한의 탈북자가 보낸 전단지 사건에서, 이 사건을 북한의 김여정이 지지하니까 국회에서 관련법을 발의했습니다. 이게 말이 됩니까. 그리고 악법을 만든 것에 대한 국민의 관심을 돌리려고 했으며, 지금은 낮은 단계 연방제 개헌을 추진하고 있습니다. 이 과정에서 코로나 바이러스를 이용하고 있습니다. 최근 서울대 교수들이 국제 논문에 발표한 바에 의하면, 대한민국 국민 중 코로나에 한 번도 걸린 적이 없고 자연 항체를 가지고 있는 사람이 60%인 것으로 드러났습니다. 그런데 국가는 코로나 방역을 주도하고 있습니다. 일종의 쇼를 하기 위해 전국 250군데에 동시 진료소를 만들고, 하루 5만 명을 조사하는데 확진자가 최소 100명 이상 나오고 있습니다. 그러면 전 국민 5200만 명을 동시 조사했을 때 50만 명의 확진자가 나온다는 것으로 생각해볼 수 있습니다. 그런데 무슨 방역입니까. 방역은 자연스럽게 이루어지는 겁니다. 서울대 의사들의 논문에 의해 다 밝혀졌습니다. 지금의 정부는 국민을 사회주의, 공산주의에 길들이기 위해, 코로나 바이러스를 확산시키고 지원금을 100만 원씩 주고 있습니다. 완전히 조지 오웰의 동물농장입니다. 다시 말해 국민을 사육하고 있다는 것입니다. 지금 경기도지사가 전 국민에게 10만 원씩 지원해야 한다고 하는데 만약 정부가 코로나 바이러스 종식을 진정으로 원한다면, 10만 원을 현금으로 지원하는 것이 아니라 자가 검진 키트를 한 대씩 나눠주고 아침마다 스스로 자가 검진할 수 있도록 하면 됩니다. 그리고 코로나 바이러스에 감염되었다면 3일 동안 외출 금지하면 됩니다. 이렇게 단번에 코로나 바이러스 문제를 해결할 수 있는데, 이 방법을 여러 번 제안했는데도 제 말은 절대 듣지 않고 자신들의 목적 달성을 위해서 계속 코로나 사기극을 펼치고 있습니다.

대단히 감사합니다. 목사님. 너무 많은 시간을 뺏은 게 아닌지 모르겠습니다. 아직도 질문이 많이 있지만, 그래도 많은 내용을 다룬 것 같습니다. 다시

한 번 감사드리고, 또 이 같은 기회가 있기를 바랍니다. 제게 하실 다른 말씀이 있으신지요?

한 가지를 부탁드리려고 합니다. 한국 교회를 도와주시고, 대한민국을 도와주신 것도 감사하지만 한국 교회는 한 가지 욕심을 가지고 있습니다. 현재의 한미동맹을 뛰어 넘어, 이스라엘과 미국과 같이 정치 동맹, 경제 동맹, 군사 동맹을 넘어서는 신앙 동맹으로 가기를 원합니다.

그리고 중국의 지하 교회 신도수가 약 2억에서 2억 5천 명으로 증가했습니다. 그런데 미국의 학자, 전문가들이 중국 내 지하교회 신도의 폭발을 주시하지 않은 것 같다는 생각이 들거든요. 그들이 시진핑 주석으로부터 엄청난 탄압을 받고 있는데, 이것도 미국이 책임지고 나설 수 있는 문제라고 생각합니다. 미국이 중국의 지하 교회를 지켜주시면 좋겠습니다. 미국의 역할을 기대하겠습니다.

동의합니다. 중요한 점을 알려주셔서 감사합니다. 그 점에 대해 폼페이오 장관께서도 말씀하셨습니다. 그 점을 기억하고 머릿속에 각인시키겠습니다. 오늘 이렇게 시간을 할애해 주셔서 감사합니다. 제가 디트릭 본하프 목사님을 뵙지는 못했지만, 두 분께서는 서로 잘 아시는 것 같습니다. 다시 한 번 이런 기회가 있었으면 좋겠습니다. 대단히 감사합니다.

네 감사합니다.

위대한 증언들

대한민국을 지키기 위한

2021년 4월 9일 초판 발행

편집 : 오경란

디자인 : 디자인지

펴낸 곳 : 퓨리턴퍼블리싱
주소 : 서울시 성북구 화랑로 33길 39 청마빌딩 2층 20-3
ISBN : 979-11-954869-6-0

본 제작물의 저작권 및 판권은 퓨리턴퍼블리싱에 있습니다.
이 책 내용의 전부 또는 일부를 재사용하시려면 반드시 퓨리턴퍼블리싱의 동의를 받아야 합니다.